RHEINLAND-PFALZ

Wer will mit uns treiben
auf singenden Wellen,
wer will sich verschreiben
dem strudelnden, hellen
Herzen des Rheins?

Von Burg und Kapelle
soll Antwort uns schallen:
Das Kreuz in der Zelle,
der Wein in den Hallen
zum Gruße geeint.

Wir kommen, zu loben
die Ufer, die bunten,
die Heiligen droben,
die Irdischen drunten,
all Kinder des Rheins.

Wer will mit uns treiben
auf singenden Wellen,
wer will sich verschreiben
dem strudelnden, hellen
Herzen des Rheins?

Stefan Andres, 1955

UNDINE II
RUNDFAHRTEN

RHEINLAND-PFALZ

Fotografie Axel M. Mosler
Text Nino Erné · Helmut Mathy

Bucher

Inhalt

Bildkapitel

Axel M. Mosler

Im Rheintal 15
Landeshauptstadt Mainz 45
Die Eifel 75
An der Mosel 101
Die Pfalz 125

Textkapitel

Nino Erné

Völkergemisch par excellence 9

Helmut Mathy

Ein junges Bundesland mit alter Kultur 35

«Eine Gegend wie ein Dichtertraum» 83
Literarische Streifzüge durch Rheinland-Pfalz

Helmut Mathy

Städte und Landschaften, Geschichte und Kultur 117
Allgemeine Informationen 117
Weinparadies Rheinland-Pfalz 118
Sehenswerte Orte von A bis Z 120
Rhein und Rheinromantik 150
Naturparks 151
Museen und Sammlungen 152
Feste und Gäste, Fastnacht und Kirchweih 154

Karte 155
Register 156
Text- und Bildnachweis 159

Seite 1: Burg Cochem an der Mosel.
Seite 2/3: Die Mosel südlich von Cochem.
Links: Blick auf Freinsheim in der Pfalz.

STADTMÜHLE
556
Loreleystadt · St. Goarshausen
F
LORELEY V

Madonnenfigur an der Fassade eines Fachwerkhauses am Marktplatz von Ahrweiler. Der Ort kam 1246 in den Besitz des Kölner Erzstiftes und gelangte daraufhin als eine der vier Hauptstädte Kurkölns zu großer Blüte.

Vorangegangene Doppelseite: Vom Schiff aus gewinnt man einen besonders guten Eindruck von den Schönheiten der Flußlandschaft entlang des Rheins. Unmittelbar hinter dem berühmten Loreley-Felsen liegt eng ans Ufer geschmiegt Sankt Goarshausen mit den beiden mittelalterlichen Wehrtürmen, die als einzige Reste der Stadtbefestigung erhalten sind, und mit der Burg Katz, die sich über der Stadt erhebt.

Nino Erné

Völkergemisch par excellence

Rheinland-Pfalz? Ja, doch, sieh es Dir an, lieber Freund. Mach Dir selber ein Bild, so viele Bilder Du willst.

Wenn Du vom Frankfurter Kreuz oder aus Darmstadt auf der Autobahn herangerollt kommst, überquerst Du den Rhein bei Mainz. Am Beginn der Brücke siehst Du ein Schild mit der Aufschrift «Auf Wiedersehen in Hessen», am Ende ein zweites, auf dem steht nur lapidar «Rheinland-Pfalz». Umgekehrt zeigt Dir überhaupt nichts an, daß Du dieses Land verläßt, zu schweigen von «Auf Wiedersehen», wohingegen Dich jenseits des Stroms die frohe Botschaft empfängt: «Willkommen in Hessen» – als wäre das ein einziger großer Ferienort, eine Perle des Odenwalds oder dergleichen.

Rheinland-Pfalz verschmäht es, sich zu «vermarkten», zumindest jenes Rheinland-Pfalz, das mir so sympathisch ist. Denn natürlich gibt es auch hier Highlights des internationalen Fremdenverkehrs. Ist die Loreley etwa ein weniger berühmtes Angebot als die Rüdesheimer Drosselgaß? Beides gehört zum «Romantischen Rhein», um den kein Amerikaner, Japaner und Engländer bei seiner Tour «See Europe in 14 days» herumkommt. Links und rechts sieht man vom weißen Elektrodampfer aus manch wirklich entzückendes Städtchen, emporragende Bergwände und auf den Höhen immer mal wieder eine trutzige Burg. Mir hat das zuerst alles auch gut gefallen, aber heute sterbe ich nicht mehr vor Seligkeit beim Vorüberschiffen am spektakulären Felsen, «nur weil ein blondes Weib sich dauernd kämmt», wie der Sachse Erich Kästner einst schrieb. Ich habe anderes im Sinn, wenn ich an den Rhein denke. Das ist die Strecke ungefähr zwischen Mainz und Nierstein: ruhig, breit, träge strömt er dahin und um Inseln herum, ohne viel Aufhebens von sich zu machen, adagio maestoso, doch das sagt nicht er, das sage ich. Und besser als ich oder jeder andere hat «der Dischter Zuck» aus Nackenheim gerade dieses Stück Altrhein gepriesen. Ja, ich wage zu behaupten, daß Carl Zuckmayer kaum je Poetischeres geschrieben hat als die Rede «Sprache, Strom und Leben». Sie ist der Gegenpol zum allzu beliebten, allzu «Fröhlichen Weinberg», den Du ja auch, falls Du ihn suchst, dort findest. Nun gut, und in Nierstein angelangt, bog ich einmal ein in die Landstraße nach Wörrstadt; etwa in der Mitte, bei Undenheim, fuhr ich eine Weile an den herrlichsten Birken entlang, als gäbe es auf der Welt keine Autobahn und aus dem nahen Alzey würde gleich Volker der Spielmann angeritten kommen.

Dutzende solcher Entdeckungen könnte ich Dir aufzählen, aber woher weiß ich, daß es auch für Dich welche wären? Zu Fuß und auf vier Rädern, im schier unendlichen Pfälzer Wald, auf der Sickinger Höhe, oder auf einer Eifelhöhe, als ich aus dem Kondelwald herauskam, kurz vor dem winzigen Ort mit dem koboldhaften Namen Wispelt, da lag plötzlich eine Welt von weit hingestrichenem Hügelland vor meinem Blick, und mittendrin, wie mit unsichtbarem Messer abgeschnitten, die rote Erde eines Berghangs, als wäre ich in der Provence bei Aix. Oder: Im Sommer fuhr ich über die Hunsrückhöhenstraße nach Koblenz, das ist eine reizende Stadt, vom Kaiser-Wilhelm-Getöse am Deutschen Eck einmal abgesehen, mit einer guten Bibliothek, einer angenehmen Flußpromenade, und genau da, aufs Wasser blickend, steht ein Haus mit dem Namen «Zum Kleinen Riesen»; eine Vorstellung, die mir für vieles in Rheinland-Pfalz symbolisch erscheint. Auf einem Gipfel im Westerwald wurde mir ein knorriger, aber fein polierter Ast als Spazierstock in die Hand gedrückt, und in Hermeskeil ein Trank kredenzt, der auf den vorneh-

men Namen Waldgeist hört, aber ein echter Hexenschnaps ist. Im Winter bin ich von Kirchheimbolanden nach Rockenhausen gefahren – wie bitte, die Orte kennst Du nicht?? – da veranstaltete die tüchtige Musikschule des Donnersbergkreises ein Sympathiekonzert für Asylbewerber; die Künstler waren junge Ausländer, und eingeführt hat sie ein Deutscher aus Rumänien, der das «Mainzer Literaturbüro» leitet. Ich hatte gedacht, die Fahrt wäre ein Katzensprung, statt dessen blieb ich am Hang des gewaltigen Mont Tonnerre (so hieß er unter Napoleons Herrschaft) beinahe im Schnee stecken und kam eine Dreiviertelstunde zu spät. Also, komm mir nicht mit den Alpen …

Mein liebster Blick von oben ins Rheintal hinunter? Da möchte ich mich nicht festlegen. Vielleicht hältst Du Dich an den alten Goethe, der ist inmitten vielen feiernden Volkes zur Rochuskapelle bei Bingen emporgeklettert; von da aus hast Du rechts den geschwungenen Fluß bis fast nach Mainz, gegenüber das Kloster der heiligen Hildegard und stromabwärts den Mäuseturm.

Nein, Goethe war kein Rheinland-Pfälzer, auch wenn sich in jüngster Zeit die Ansicht durchzusetzen beginnt, daß Frankfurt ein Mainzer Vorort ist. Von den zehn oder zwölf Spitzenreitern auf dem deutschen Pegasus stammt keiner aus diesem unserem Lande. Wirklich herausragende Staatsmänner fallen mir zwei ein: der Reichsfreiherr vom und zum Stein aus Nassau wurde der Reformer Preußens, Fürst Metternich aus Koblenz der Anti-Reformer Österreichs. Aber immerhin, und gewiß nicht von ungefähr, sind von den Menschen, die zum guten Dutzend unserer wirkungsreichsten Philosophen zählen, allein drei hier an Mosel und Rhein geboren. Nikolaus von Kues hat vor einem halben

Links oben: Der Weinort Merl an der Mosel zu Füßen steiler Rebterrassen. Im Ortszentrum der romanische Turm der ehemaligen Pfarrkirche Sankt Michael aus dem späten 13. Jahrhundert.

Links unten: Ein mächtiger Doppelturm beherrscht die Ruine der Kasselburg bei Gerolstein in der Eifel, die auf einem Vulkankegel 125 Meter über dem Kylltal erbaut wurde.

Mitte: Zu Füßen hügeliger Weinhänge erstreckt sich die Stadt Cochem über beide Seiten der Mosel.

Rechts oben: Das Städtchen Trittenheim in einer der vielen Moselschleifen, die den besonderen Reiz dieser Flußlandschaft ausmachen.

Rechts unten: Burgähnliches Weingut bei Sankt Martin an der Weinstraße inmitten seiner Weingärten.

Jahrtausend einen beglückend-beängstigenden Gedanken formuliert, die «coincidentia oppositorum», und er meinte damit das Zusammenfallen von unendlich Groß und unendlich Klein, von Vieleck und Kreis und anderen Gegensätzen in der Ewigkeit.

Neulich im Mai wollte ich mir nach langer Zeit wieder das Sankt-Nikolaus-Hospital ansehen, das dieser streitbare Gottesmann am Ende seines Lebens für jeweils 33 arme Insassen gegründet hat. Ach, die Bibliothek, die Kapelle mit dem Porträt des Stifters, der Kreuzgang, alles war, auf Monate hinaus, wegen Restaurierung unzugänglich. Getröstet hat mich auch wenig das proppenvoll-überquellende Bernkastel auf der anderen Seite der Moselbrücke, trotz der vielen schönen Schilder an Hotels und Restaurants, die den Gast deutsch, englisch und französisch anreden. Ja, dachte ich, da haben wir noch eine weitere Konkurrenz zur weltberühmten Drosselgaß. Und ich verzog mich in mein freundliches Panoramahotel auf der anderen Flußseite. Wie hatte sich diese Welt verändert in den paar Jahrzehnten seit meiner ersten Reise! Es führt kein Weg zurück, kein Augenblick verweilt, und sei er noch so schön. Oder? Du wirst staunen, ich wurde eines besseren belehrt. Am nächsten Morgen fand ich wenige Kilometer stromabwärts am Hang über Ürzig das Gasthaus wieder, wo wir damals gegen Abend im Sonnenschein saßen, gut aßen, Würzgarten von den Weinstöcken hinter dem Haus tranken, hinuntersahen auf die Häuser des kleinen Ortes, ein silbriges Stück Fluß im schräg sinkenden Licht, die Straße und den sanft ansteigenden Hang gegenüber zum Hunsrück hinauf. Dies ist Mein Moselblick. Es gibt ihn heute wie einst, nur der Wirt ist ein anderer, er dürfte 1956 vielleicht gerade auf die Welt gekommen sein.

Über der Stadt Braubach in der Nähe von Koblenz erhebt sich auf einem steilen Bergkegel die Marksburg, eine der eindrucksvollsten Höhenburgen am Mittelrhein (Postkarte, um 1910).

Siehst Du, so schnell gerät man auf Umwege. Ich bin Dir ja noch die Namen der anderen zwei Philosophen schuldig. In Trier steht das Haus, in dem Karl Marx das Licht einer Welt erblickte, die er für derart unzureichend hielt, daß er die Philosophen aufrief, sie zu verändern. Ebendies zu tun, aufrechten Ganges einer fernen, doch nie ganz unerreichbaren Utopie entgegenzugehen, allen Rückschlägen zum Trotz am Prinzip Hoffnung festzuhalten: das war die Botschaft von Ernst Bloch aus Ludwigshafen, der in unserer Zeit lebte und hochbetagt gestorben ist, nach Vollendung eines vielbändigen Werkes in unverwechselbar eigener, hart geschliffener Prosa.

Was wäre aus ihnen allen, Denkern und Dichtern, geworden ohne die Erfindung Johannes Gutenbergs? Sein Museum der Buchdruckerkunst in Mainz hat unter anderen Gästen die englische Queen beehrt, die selbst eine große Sammlerin ist; den Druckerladen gegenüber gab es da noch nicht, jetzt kann vom Kind zum Greis jeder seinen eigenen Gutenberg spielen. Ein paar hundert Meter entfernt, im Deutschordenshaus, haben vor zweihundert Jahren Mainzer Bürger die erste Republik auf deutschem Boden ausgerufen, die, linksrheinisch vom Wind der französischen Freiheit, Gleichheit und Brüderlichkeit getroffen, von Landau bis Bingen reichte. Und auf dem Hambacher Schloß wehte vier Jahrzehnte später, bei einer politischen Massendemonstration, zum erstenmal die schwarz-rot-goldene Fahne, die nach mancherlei Lappen mit anderen Mustern jetzt wieder Gültigkeit hat. Die Welt verändern, nicht nur mit der Schrift, das hat viele Leute in Rheinland-Pfalz gereizt, standfeste Kerle, Revolutionäre und Revoluzzer.

Ja, mein Lieber, was sind das für Menschen hier, von den Töpfern im Kannegießerland bei Höhr-Grenzhausen bis zu den Schuhkünstlern in Pirmasens, von den Edelsteinschleifern rings um Idar-Oberstein zu den Schafhirten in der Eifel, von den Winzern an Ahr und Nahe, Rhein und Mosel zu den Industriearbeitern in Ludwigshafen, von den Bauern zu den Fischern und von Parlamentariern und Professoren zu Malern, Bildhauern, Musikern, Autoren, Theaterdirektoren und anderen Toren? Nein, ich kann sie auf keinen

Der vielbesungene Loreley-Felsen. Sein Name soll auf das berühmte, an seinem Fuß hörbare Echo zurückgehen, das dem Eisenbahn- und Tunnelbau im 19. Jahrhundert zum Opfer fiel: «Ley» ist ein in der Region häufiger Begriff für Felsen, «Lore» wird als Bezeichnung für Rufen und Schreien gedeutet (Postkarte, um 1910).

gemeinsamen Nenner bringen. Oder sollte etwa das einer sein, daß es in ganz Rheinland-Pfalz keine Stadt gibt, deren Bevölkerungszahl auch nur ein Viertel von Köln, ein Sechstel von München erreicht? Unsere Metropolen sind Großstädtchen. Was ist ein Rheinland-Pfälzer? Gibt es ihn, so, wie man mit einiger Vorsicht von einem Holsteiner oder einem Bayern sprechen kann? Ich sage Dir: nein.

Die Bewohner dieses Gebiets, das nach dem letzten Weltkrieg auf der politischen «Generalstabskarte» umrissen wurde, bilden ein Völkergemisch par excellence. Und das meine ich als Kompliment. Überall stößt Du auf Spuren der Römer, nicht nur in Trier, das Konstantins Hauptstadt war und wo noch heute sein Palast steht, die gewaltige Aula, die zwanzig Meter hohe Thermenruine und natürlich die Porta Nigra; in Mainz hat man vor einigen Jahren zwei Schiffe freigelegt und kürzlich ein Tor des Soldatenlagers, auf dem «Kästrich», was von Castrum kommt; sogar das Eifeldorf Insul an der Ahr, von zwei Wasserläufen umarmt, ist als Insula von den Römern gegründet worden. Im Hunsrück gerätst Du unversehens zu einer großen Keltensiedlung, in Worms an die sehr alten Judengräber. Dort, in der «Nibelungenstadt», hat vor etwa tausend Jahren der eben vollendete ursprüngliche Bau des Doms gestanden und zur gleichen Zeit eine Synagoge in byzantinischem Stil, mit Säulen und Kapellen. Damals begab sich ein junger Mann aus dem französischen Troyes nach Worms und Mainz zu den berühmtesten Talmudschulen Mitteleuropas und wurde unter dem Namen Raschi zu einem gesuchten Kommentator der Heiligen Schriften der Juden, die Bibel eingeschlossen.

Untertanen der Salier, der Hohenstaufen; Franzosen, vorher schon Franken. Karl der Große machte Mainz zum zentralen Erzbistum seines Reiches; dem unterstanden Bistümer in Halberstadt und Hildesheim, Würzburg und Konstanz, Chur und Straßburg. Zu Trier gehörten die französischen Bistümer Metz, Verdun und Toul. Noch im 18. Jahrhundert krönten Erzbischöfe die deutschen Kaiser. Man darf mit gutem Gewissen Rheinland-Pfalz das Herzstück des Heiligen Römischen Reiches Deutscher Nation nennen, hier hat der abstrakte, längst ausgeblasene Begriff konkreten Boden. Wie sollte aus alldem Einheitlichkeit kommen? Das dumme und gefährliche Gerede alter und neuer Nazis über deutsche «Reinrassigkeit» wird gerade hier ad absurdum geführt.

Ziehen wir die Kreise etwas enger. Da zitiere ich Dir ein paar Zeilen über Mainz. «In diesen Straßen», schrieb ein Mann aus dem fernen Südfrankreich, «wächst die erlesenste Sorte / Nicht zu süß nicht zu sauer / Die hat in temperamentvoller Ruhe / Und gelassener Fröhlichkeit / Das große Kunststück gelernt / Glücklich zu sein / Wenn aber der Mensch glücklich ist / Dann ist er auch freundlich.» Und in Neustadt an der Weinstraße wohnt eine so kluge wie anmutige Dame, die überlegte sich, ob man den Pfälzer mit einer soliden deutschen Eiche vergleichen solle oder vielleicht doch besser mit einer Mimose, die «bei ungewollter Berührung ihre Blätter blitzschnell herunterklappt». Mir scheint das zumal für die Pfälzerinnen zuzutreffen, doch auch bei Männern habe ich unter der rauhen Rinde den empfindlichen Kern gespürt.

Trotzdem, und da steckt womöglich etwas Allgemeinsames: So wie man hierzulande gern «ebbes Reelles» ißt und trinkt, nimmt man dazu auch die passend-unpassenden Worte ohne Zimperlichkeit in den Mund. Ich gestehe Dir, daß es mich immer noch leicht schaudert, wenn ich mir vorstelle, ich müßte «Saumagen» essen, obwohl das eine Köstlichkeit sein mag. In Oppenheim hörte ich einmal, wie eine Oma ihrem Bübche beim Einkaufen einen «Worschtebonbon» versprach, was in meinem Ohr einen derartigen Zusammenstoß verursachte, daß mir die Verbindung von Sau und Magen dagegen geradezu harmonisch klingt. Meine wohlerzogene Mutter aus Hamburg trank gern «Kröver Nacktarsch», pflegte dabei aber stets nur mit listigem Blinzeln vom «Wein mit dem unanständigen Namen» zu sprechen.

O nein, lieber Freund, keinesfalls mäkele ich am Gastronomischen. Um sogenannte Nobellokale machst Du ohnehin einen Bogen, es gibt hier nicht allzuviele, siehe oben bei «ebbes Reelles». Stolpere hinein, wo es Dich freundlich anmutet. Vor einigen Jahren geriet ich mit Besuchern aus Triest an ein paar Tische und Stühle vor einem alten Fachwerkhaus in Speyer, dort ernährte man uns liebevoll und gut, so preis- wie preisenswert. Von einem Fenster unter dem Dach durften wir dann den Dom bewundern, der von weitem in den Himmel ragte. Ein andermal ließen wir uns irgendwo von einer Schiefertafel in ein verräuchertes Lokal zu Kartoffelpuffern mit Apfelmus locken, und ich konnte versichern, sie seien den legendären Puffern bei Rudi an der Großen Freiheit in Sankt Pauli ebenbürtig. Du siehst, auch die Küche erweist sich als grenzüberschreitend.

Ich hatte dem italienischen Paar, das eine Menge von Geschichte, Architektur und Kunst versteht, die drei großen Dome gezeigt, jeden Tag einen: den Kaiserdom mit den Grabmälern in der Krypta zu Speyer; Sankt Peter mit den verspieltesten, liebenswürdigsten Löwen, die je von Bildhauerhänden geschaffen worden sind, in Worms, wo sie dem Propheten Daniel Hand und Knie lecken; den Martinsdom mit der steinernen Macht und Pracht der Kirchenfürsten zu Mainz.

Lieber Freund, einen Rat noch zum Abschied. Schau Dir, ehe Du in diesen Dom hineingehst, vom Leichhof und von der Schusterstraße aus den Ritter auf dem Dach an, der einem Krückenmann am Weg die Hälfte seines Mantels schenkt; leg Deinem Zeitgenossen, der unten auf dem Pflaster sitzt, einen Obolus in die Mütze und geh am Bonifatius vorbei durch das tausendjährige Tor. Schau sie Dir an, Erzbischof, Erzkanzler, Domprobst, und hinauf in die hohe Wölbung, aber dann laß das alles hinter Dir und stelle Dich in der Gotthardtkapelle dem uralten hölzernen Kruzifixus. Nackt, abgemagert, erbarmungswürdig blickt er aus hervortretenden Augen zu Dir herunter, ohne Königskrone, ohne Dornenkrone. Ein Gott? Ich weiß es nicht. Ganz gewiß ein Menschensohn, der geschundene, gefolterte, gemordete Mensch aller Zeiten und gerade auch unseres Jahrhunderts.

Wenn Du wieder über dieselbe Rheinbrücke das Land verläßt, dreh Dich noch einmal kurz um. Da siehst Du den großen rötlichen Bau, als schwebe er auf dem Wasser, winzig klein unter riesigem Himmel.

Der Obelisk auf dem Ludwigsplatz in Worms, der zu Ehren Ludwigs IV. von Hessen-Darmstadt nach seinem Tod im Jahr 1892 von der Wormser Bürgerschaft gestiftet worden war. Neben einer Inschrift erinnert ein Flachrelief in Medaillonform an den ehemaligen Landesvater.

Nächste Doppelseite: An der Stadtmauer von Worms, einer aufwendig restaurierten, im Ursprung mittelalterlichen Wehranlage. Hier das allerdings erst aus dem Jahr 1901 stammende Raschi-Tor am Ende der Judengasse. Schon im 9. Jahrhundert lebten die ersten jüdischen Siedler in Worms, unter ihnen der Gelehrte Raschi, dessen Kommentare zu Bibel und Talmud noch heute von Bedeutung sind.

An ein mittelalterliches Burgtor erinnert der Wormser Brückenturm auf der von Karl Hofmann von 1887 bis 1900 erbauten Rheinbrücke. Das Bauwerk ist dem früheren Mainzer Tor, einem von den Franzosen 1689 zerstörten Stadttor, nachempfunden.

In der Nähe des Rheins ließ Bischof Burchard Anfang des 11. Jahrhunderts in Worms den Dom Sankt Peter errichten. Trotz späterer umfangreicher Um- und Neubauten hat dieser spätromanische Kaiserdom, im Vergleich zu den beiden anderen berühmten Domen von Speyer und Mainz, noch die wesentlichsten Elemente seines ursprünglichen Aussehens erhalten.

Im Wormser Dom: Der eher streng anmutende schlichte Innenraum bildet einen reizvollen Kontrast zur barokken Ausstattung. 1689 hatten die Franzosen, nach einem vergeblichen Versuch, den Dom zu sprengen, Feuer gelegt. Bei der Wiederherstellung im 18. Jahrhundert wurden erste barocke Elemente hinzugefügt; der prachtvolle Hochaltar von Balthasar Neumann wurde 1740 vollendet.

Stolz und unzugänglich wie im Mittelalter wirkt auch heute noch die Burg Schönburg über Oberwesel am Rhein. In der eindrucksvollen Anlage mit drei Bergfrieden und drei Wohnbereichen lebten bis zur Zerstörung 1689 im Pfälzischen Erbfolgekrieg mehrere Zweige der Familie von Schönburg. Die weitgehend wieder aufgebaute Burg wird heute als Kolpinghaus, Hotel und Gaststätte genutzt.

1326/27 ließ König Ludwig der Bayer auf einer kleinen Rhein-Insel bei Kaub den Pfalzgrafenstein, einen fünfeckigen Zollturm, als Vorwerk zu Burg Gutenfels errichten; im 17. und 18. Jahrhundert erhielt dieses Bauwerk, die «Pfalz», seine heutige Form. Zuletzt, im 18. Jahrhundert, wurde die ursprünglich gotische Fachwerkbekrönung des Turms durch eine Welsche Haube ersetzt.

Der Mäuseturm bei Bingen, ein ehemaliger Zollturm aus dem 14. Jahrhundert. Der Legende nach soll der Mainzer Erzbischof Hatto, der das Volk durch Getreidehortung in eine Hungersnot gestürzt hatte, nach einer Mäuseplage, die sein Getreide vernichtet hatte, hierher geflohen sein; doch er entkam seiner Strafe nicht, sondern wurde im Turm von den Tieren gefressen.

Nächste Doppelseite: Die stattliche Burg Gutenfels hoch über der Stadt Kaub, die heute ein Hotel beherbergt. Ihr Baukern stammt aus dem zweiten Viertel des 13. Jahrhunderts.

HOTEL
HOTEL

KAUB

Industriell betriebene Schiffahrt und moderne Technik haben längst am Rhein Einzug gehalten. Den Zauber der Rheinlandschaft, den die Dichter der Romantik so feinsinnig beschrieben haben …

… kann man an Bord der großen Ausflugsschiffe nur mehr an einigen Flußabschnitten erahnen. Trotzdem ist die Fahrt auf dem mächtigen Strom, mit seinen Weinbergen und Burgen zu beiden Seiten, immer ein Erlebnis. Hier bei Boppard.

Sankt Goar ist eine der Anlegestellen der Köln-Düsseldorfer Schiffahrtsgesellschaft, die jährlich Tausende von Touristen rheinauf und rheinab nach Bacharach, Rüdesheim, Mainz, Boppard, Koblenz, Bonn und Köln befördert. Die zahlreichen Zwischenstationen einer solchen «Rheinreise» bieten Gelegenheit, die vom Fluß aus betrachteten Orte in kleinen Ausflügen zu Fuß näher kennenzulernen.

Nächste Doppelseite: Sicht vom Hirschkopf auf die berühmte Rheinschleife bei Boppard, der sogenannte «Vierseenblick», inmitten des größten zusammenhängenden Weinbaugebietes des Mittelrheins, der «Bopparder Hamm».

Burg Neu-Katzenelnbogen, volkstümlich Burg Katz genannt, oberhalb von Sankt Goarshausen. Graf Johann III. von Katzenelnbogen ließ sie Ende des 14. Jahrhunderts erbauen, ein Gegenstück zu der nahen Burg Peterseck der Trierer Erzbischöfe, die daraufhin den spöttischen Beinamen Burg Maus erhielt.

Schloß Stolzenfels bei Koblenz. Der Wiederaufbau der alten, um 1250 erbauten und im Franzosenkrieg zerstörten Burg ab 1825 kam einem Neubau gleich. Das heutige Schloß gilt als eine der bedeutendsten Schöpfungen der deutschen Romantik, deren Vorstellungen von einer mittelalterlichen Ritterburg hier, auch in der Übernahme romanischer und gotischer Formen, eindrucksvoll zur Wirkung kommen.

Das hübsche Städtchen Lorchhausen am Rhein liegt besonders eindrucksvoll. Nur wenige, dicht gedrängte Häuserzeilen füllen den schmalen Ufersaum zwischen dem Fluß und den steilen Weinhängen.

Das Deutsche Eck bei Koblenz am Zusammenfluß von Mosel (links) und Rhein (rechts). Die Bezeichnung erinnert an den einstigen Besitzer dieses Uferabschnittes, den mächtigen Deutschen Orden.

Die im 19. Jahrhundert angelegten, ausgedehnten Uferanlagen am Deutschen Eck mit ihrer romantisch-historisierenden Kolossalarchitektur sind ein beliebtes Ausflugsziel zur beschaulichen Rast und Betrachtung der Flußlandschaft mit ihrem Schiffsverkehr.

Der Schängelbrunnen vor dem Koblenzer Rathaus, ein Denkmal für die Gassenjungen, die hier Schängel (in Verballhornung des französischen Namens Jean) genannt werden. Alle zwei Minuten prustet der bronzene Tunichtgut einen Wasserstrahl aus.

Nächste Doppelseite: Am Jesuitenplatz in Koblenz. Die prachtvollen Bürgerhäuser gehören zu den Schmuckstücken der Altstadt; besonders schöne Gebäude aus dem 18. Jahrhundert mit ihrer charakteristischen Giebelarchitektur finden sich unter anderem in der Firmungsstraße, die den Platz nach Norden abschließt.

müller
WOHNIDEE
Dekoration
Apotheke

H. CONTE
H. CONTE

Das ehemalige Burghaus der Alten Burg an der Balduinsbrücke in Koblenz. Auch diese, im 13. Jahrhundert von Erzbischof Heinrich von Vinstingen erbaute Anlage, war im 17. Jahrhundert Opfer der Kriege mit den Franzosen geworden; heute beherbergt das als einziges erhaltene und mehrfach restaurierte Gebäude kulturelle Einrichtungen und einen Lesesaal der Stadtbibliothek.

Helmut Mathy

Ein junges Bundesland mit alter Kultur

Die Landwerdung einer «Wort-Montage»

Der in Nackenheim am Rhein geborene und in Mainz aufgewachsene Carl Zuckmayer nannte Rheinland-Pfalz, als er nach dem Zweiten Weltkrieg an deutschen Universitäten über seine Emigration, des Teufels General und die Frage der «Bewältigung» der jüngsten Vergangenheit diskutierte, eine «seltsame Wort-Montage». Und Adolf Süsterhenn, der Staatsrechtler aus Köln und einer der Verfassungsväter des damals neuen Bundeslandes, artikulierte, was viele dachten: daß dieses Land in seiner territorialen Abmessung «nicht durch den Griffel Gottes in die Landkarte geritzt» worden sei.

Man sprach damals nicht selten von der «Gnade der Stunde Null»: vom Ende des Schreckens, von der Befreiung vom Joch des Nazismus, von der zaghaft sich regenden Hoffnung auf ein kommendes freies und demokratisches Deutschland, von der Chance der Selbstbesinnung, die eines Tages zu einer Selbstbestimmung führen könne, wenn vor allem die Schlacken dessen, was Deutschland seinen Nachbarn, ja der ganzen Welt in Verblendung und Hybris angetan hatte, beiseite geräumt und die Erbfeindschaften, vor allem zum französischen Nachbarn, beendet sein würden. Ludwig Strecker, der Inhaber des international renommierten Musikverlages Schott, schrieb noch in den ersten Stadien der Landwerdung von Rheinland-Pfalz: «Das Setzen des ersten Bausteins ist das schwerste. Sieht man aber erstmal das Wo und Warum, das Ziel und die Ordnung, so lehrt die Erfahrung, daß es keine untätige Hand mehr gibt.» In die Hoffnungen dieser Optimisten, dieser Intellektuellen und Menschen guten Willens mischten sich in den ersten Wintern seit 1945 immer wieder Töne der Not, der Verzweiflung und die Probleme des nackten Überlebens; und im ersten Landtag von Rheinland-Pfalz wurden die hehren Ideale einer langfristigen friedlichen und freiheitlichen Entwicklung immer wieder von den Sorgen des Tages, dem Kampf um den nächsten Sack Kartoffeln überlagert. Schon in der Beratenden Landesversammlung in Koblenz war im Frühjahr 1947 der Verzweiflungsruf von Else Missong, einer der Abgeordneten der Christlich-Demokratischen Partei (CDP), zu hören gewesen: «Für Gräber brauchen wir keine Verfassung!»

Doch bald rückte die Besinnung auf das Versagen im «Tausendjährigen Reich» in den Mittelpunkt der Diskussionen und kreiste um die Fragen von Mitwirkung und Schuld an der verhängnisvollen Entwicklung.

In seiner Rede zur Eröffnung der Pädagogischen Akademie im Schloß zu Montabaur auf dem Westerwald besann sich Peter Altmeier, der damalige Regierungspräsident und spätere Ministerpräsident (1947–1969) von Rheinland-Pfalz, denn auch auf die geistigen Werte: «Gewiß: Groß ist die materielle Not unserer Tage, aber sie wird eines Tages ... überwunden werden. Wird dies auch von der geistigen Not unserer Zeit gelten? Nur dann, wenn wir der Jugend den rechten Weg weisen. Wir haben uns das Ziel gesetzt, den Nationalsozialismus von innen heraus zu überwinden und ihn mit geistigen Waffen zu schlagen ... So ist eine Rückbesinnung auf die kulturgestaltenden, sittlichen und geistigen Kräfte in der Ehrfurcht vor Gott, in der Achtung der Menschenrechte und im Geiste der Versöhnung der Völker ebenso Voraussetzung zur Gesundung wie die Schaffung von Arbeit und Brot.»

Betrachtet man heute das rheinland-pfälzische Landeswappen mit den Symbolen von Kur-Mainz, Kur-Trier und Kur-Pfalz oder denkt man daran, daß auf der anläßlich des dreißigjährigen Verfassungsjubiläums 1977 geschaffenen Medaille mit der Porta Nigra in

Das berühmte Weinschiff von Neumagen-Dhron, dessen Replik heute den Ortseingang des Weinortes an der Mittelmosel ziert, erinnert an die große Zahl von Römerfunden, mit denen es gegen Ende des 19. Jahrhunderts im ehemaligen Kastell entdeckt wurde. Das Original befindet sich, wie auch die meisten anderen Funde, im Rheinischen Landesmuseum in Trier.

Trier, den Domen von Speyer und Mainz sowie der Balduinsbrücke in Koblenz etwas von jener abendländischen Prägekraft erscheint, die diese Territorien links und rechts des Rheins als Mittler und Begegnungslandschaften zwischen West und Ost durch die Jahrhunderte besaßen, so ist umrißhaft die Rolle angedeutet, die sie im «europäischen Konzert» zu spielen vermochten. Denn ebenso wie Mainz als größte Kirchenprovinz des Abendlandes sich weit nach Süden – bis in die Alpen hinein – und Osten – zeitweilig bis nach Prag – erstreckte, so reichte die Kirchenprovinz Trier nach Westen, nach Frankreich, nach Metz, Toul und Verdun. Und auf den im Zeichen des Humanismus kurz nach dem Tode des Nikolaus von Kues und des Johannes Gutenberg gegründeten Universitäten in Trier wie in Mainz studierten nicht nur Söhne der unmittelbaren Heimat, sondern viele aus dem weiten Bereich der Kirchenprovinzen und Erzbistümer. Sie verkörperten damit die Aussage mittelalterlicher Geschichtsschreibung, daß am Rhein «maxima vis imperii», des Reiches Schwerpunkt sowie das politische Gravitationszentrum eines weit ausstrahlenden Umfeldes liege.

Kein Historiker und kein Verfassungsrechtler hat jemals so anschaulich und einprägsam das Gemisch verschiedener Völkerschaften in der Kelter Europas am Rhein und seinen Nebenflüssen zu charakterisieren vermocht wie Carl Zuckmayer in seinem viel gespielten und viel diskutierten Stück «Des Teufels General», als er den um seinen Ahnenpaß besorgten jungen Leutnant Hartmann von General Harras belehren läßt: «Denken Sie doch – was kann da nicht alles vorgekommen sein in einer alten Familie. Vom Rhein – noch dazu. Vom Rhein. Von der großen Völkermühle. Von der Kelter Europas! ... Vom Rhein – das heißt: vom Abendland. Das ist natürlicher Adel. Seien Sie stolz darauf.»

Man mag es drehen und wenden wie man will: Römische Zivilisation, Germanentum und Christentum haben diese Landschaften am Rhein und die in ihnen beheimateten und wirkenden Menschen weltoffen, mobil und tolerant gemacht sowie mit einer Mentalität versehen, die keine Abschottung nach außen zuließ.

Funde aus Trier und Umgebung im Rheinischen Landesmuseum Trier, eindrucksvolle Zeugnisse römischer Kultur in Deutschland.

Oben links: Eine Dame im Korbsessel bei der Morgentoilette. Bildfeld eines Pfeilergrabs in Neumagen (3. Jahrhundert n. Chr.).

Oben rechts: Das Grabmal des Albinius Asper und seiner Frau Secundia Restituta; es wird auf das Jahr 100 n. Chr. datiert.

Unten links: Wandmalerei mit Darstellung eines Stieropfers. Das aus dem 3. Jahrhundert n. Chr. stammende Gemälde gehörte zu einer römischen Villa im Palastbezirk der Konstantinsbasilika in Trier.

Unten rechts: Ausschnitt aus dem Mosaikboden der Trierer Kaiserthermen aus dem 3. Jahrhundert n. Chr. mit einer Darstellung des siegreichen Polydus mit Palme und Kranz.

Worms, der einstige Mittelpunkt des Burgunderreichs am Rhein, das gegen Mitte des 5. Jahrhunderts von den Hunnen zerstört wurde, ist einer der historischen Anknüpfungspunkte des Nibelungenepos, der wohl bedeutendsten Dichtung des deutschen Mittelalters.

Links: Der Aufbruch der Könige von Worms ins Hunnenland.

Rechts: Siegfried als Bote in Worms bei der Übergabe von Gunthers Brief an Krimhild und Ute.

(Miniaturen aus dem Hundeshagenschen Kodex, 15. Jahrhundert, Staatsbibliothek Preußischer Kulturbesitz, Berlin.)

Aber man muß auch die Kehrseite dieser freundlich blinkenden Medaille berücksichtigen. Die strategisch exponierte Lage dieser Lande an Rhein und Mosel sowie in der Pfalz hat die Menschen durch die Jahrhunderte Kriege um Kriege am eigenen Leib und Leben erfahren und erleiden lassen.

Besonders die religiösen Konflikte und zumal der Dreißigjährige Krieg, in dem weite Landstriche von den Schweden besetzt waren, aber auch von kaiserlichen und spanischen Heeren heimgesucht wurden, deren Soldateska grausam und unerbittlich hauste, schlugen den Städten wie dem flachen Land vielfältige Wunden. Dieser Krieg mit den unermeßlichen Leiden hat, wie man aus der Überlieferung zahlreicher Ortschroniken weiß, ganze Landstriche veröden lassen und die Bewohner teilweise im wörtlichen Sinne dezimiert. Der Pfälzische Erbfolgekrieg brachte nach 1689 weitere Zerstörungen, und nach Louvois', des Kriegsministers Ludwigs XIV., berüchtigter Aufforderung «Brûlez le Palatinat» – brennt die Pfalz nieder! – brauchte man lange, bis man sich von diesem schweren Schlag erholt hatte. Im Spanischen Erbfolgekrieg und im Siebenjährigen Krieg durch französische Einquartierungen in Mitleidenschaft gezogen, gingen auch die kriegerischen Ereignisse und Entwicklungen im Gefolge der Französischen Revolution und Napoleons nicht ohne nachteilige Spuren vorüber, wenn auch die Modernisierung von Staat und Gesellschaft in der Abschaffung des Ancien régime und seiner feudalen Strukturen nicht übersehen werden sollte und langfristig eher positive Wirkungen zeitigte.

Und die Kriege unseres Jahrhunderts? Daran braucht man die Älteren unter uns nicht zu erinnern! Für die nachgeborenen Generationen aber sind sie gottlob Geschichte – nicht um vergessen zu werden, sondern um als warnendes und mahnendes Beispiel zu dienen, wohin extremer Nationalismus, politische Großmannssucht, militärischer Hochmut und ideologische Verblendung führen können. Es zeigt sich auch hier die leidvolle Konstante der im Bundesland Rheinland-Pfalz vereinten Regionen auf Schritt und Tritt: Strategisch exponierte Lage und generationenlanges Ausbluten sowie demographi-

Die sieben Kurfürsten, hier um Karl IV. versammelt, die seit dem späten 13. Jahrhundert den König und damit zugleich Kaiser wählten. Im Kurfürstenkolleg besaßen die vier rheinischen Kurfürsten, die Erzbischöfe von Trier, Mainz und Köln, sowie der Pfalzgraf bei Rhein, eine Vorrangstellung und waren damit zu privilegierten Entscheidungsträgern im spätmittelalterlichen deutschen Reich geworden (kolorierter Holzschnitt).

scher Aderlaß gingen Hand in Hand. Aus solchen Schatten martialischer Geschichte dämmerte in diesen Landen aber auch eine frühe freiheitliche und «demokratische» Tradition herauf: in den Bauernkriegen zur Zeit der Reformation, in der Mainzer Republik nach der Französischen Revolution und beim Hambacher Fest von 1832.

Freiheitliches Erbe: Mainzer Republik und Hambacher Fest

Am 21. Oktober 1792 eroberten französische Revolutionstruppen unter General Custine, die zuvor die Pfalz und Rheinhessen besetzt hatten, die kurfürstliche Haupt- und Residenzstadt Mainz, den Sitz des ranghöchsten Kurfürsten und Erzbischofs im Heiligen Römischen Reich Deutscher Nation. Zuvor waren die von Goethe begleiteten antirevolutionären Heere Preußens, Österreichs und der Reichsstände in der berühmten Kanonade von Valmy in Schmutz und Kot steckengeblieben und hatten daraufhin einen verlustreichen Rückzug antreten müssen.

In Mainz versuchten die Franzosen zusammen mit einheimischen Jakobinern, die Bürger der Stadt ebenso zu revolutionieren wie die Bauern auf dem Lande, um sie mit den Prinzipien von Freiheit, Gleichheit und Brüderlichkeit vertraut zu machen. Aus diesen Bemühungen ging schließlich ein Parlament hervor. Der Nationalkonvent «der freien Teutschen» trat am 17. März 1793 im Mainzer Deutschhaus zusammen, heute (wirklich einmal «sinnigerweise») der Sitz des Landtags von Rheinland-Pfalz. Dieser Konvent proklamierte am folgenden Tag die Rheinisch-Deutsche Republik zwischen Bingen und Landau und vollzog am 21. März deren Vereinigung mit der französischen Mutterrepublik, indem er drei Delegierte, darunter der Weltumsegler, Universitätsbibliothekar und Schriftsteller Georg Forster, an die Seine schickte, um diesen Vereinigungswunsch zu dokumentieren. Doch die faktische Vereinigung gelang deshalb nicht mehr, weil das Linksrheinische von deutschen Truppen zurückerobert und Mainz einige Monate bela-

Links oben: Mit den Worten «Hier stehe ich, ich kann nicht anders» vertrat Martin Luther auf dem Reichstag von Worms 1521 seine reformatorischen Ideen vor Kaiser und Reich (Gemälde von Anton von Werner, um 1870, Staatsgalerie Stuttgart). – Links unten: Elisabeth Charlotte, Herzogin von Orléans (1652–1722), besser bekannt unter dem Namen Liselotte von der Pfalz. Die Tochter des pfälzischen Kurfürsten Karl Ludwig heiratete Philipp I. von Orléans, den Bruder Ludwigs XIV. Ihre Ansprüche auf die Erbfolge veranlaßten den französischen König, den Pfälzischen Erbfolgekrieg zu beginnen (Gemälde von Nicolas de Largillière, Musée Condé, Chantilly). – Rechts oben: Nach einer mehrtägigen Belagerung unter General Adam Custine zog die französische Armee am 21. Oktober 1792 in Mainz ein. – Mitte unten: Zwei Tage nach der Übergabe von Mainz an die französischen Truppen gründeten einheimische Revolutionsanhänger den sogenannten Jakobinerklub. Sitzung der Mainzer Klubisten im Akademiesaal des Kurfürstlichen Schlosses, 1793. – Rechts Mitte: Am 18. März 1793 wurde die unabhängige Mainzer Republik ausgerufen, die von Bingen bis Landau reichte. Überall im Land wurden «Freiheitsbäume» errichtet. – Rechts unten: Zug der Demonstranten zur Maxburg über dem Ort Hambach an der Weinstraße am 27. Mai 1832, ein Ereignis, das als Hambacher Fest in die deutsche Geschichte einging. Mehr als 20 000 Menschen nahmen an dieser ersten politischen Großkundgebung in Deutschland teil (Aquarell, Museum für Deutsche Geschichte, Berlin).

Oben: Unmittelbar nach dem Ersten Weltkrieg beherrschten immer wieder uniformierte Truppen das Straßenbild der Städte im heutigen Rheinland-Pfalz:

Im Zuge der Räumung des Rheinlandes nach dem Versailler Vertrag verließen im Oktober 1929 die letzten französischen Soldaten die Feste Ehrenbreitstein (links). – Einzug der deutschen Polizei über die Rheinbrücke nach Mainz nach dem Abzug der Franzosen im Juni 1930 (rechts).

Mitte: Mit dem Ende des Zweiten Weltkriegs erlebte die Region erneut den Einmarsch von Besatzungssoldaten:

Eine motorisierte amerikanische Truppe fährt 1945 in Neuwied ein (links). – Besuch General de Gaulles bei einer französischen Einheit in Speyer im Jahr 1945 (rechts).

Unten: Persönlichkeiten aus der jüngeren Geschichte von Rheinland-Pfalz:

Ministerpräsident Peter Altmeier, der das Geschick des Bundeslandes 22 Jahre lang bestimmte, zusammen mit seinem Nachfolger Helmut Kohl im Jahr 1969 (links). – Rudolf Scharping (SPD), mit dessen Wahl 1991 die lange Regierungstradition der CDU im Land ein Ende fand (rechts).

gert wurde – eine Situation, die durch Goethes Augenzeugenbericht ein Stück Weltliteratur geworden ist. Das erste demokratische Experiment in Deutschland war als Modellfall für die Ausbreitung der Revolution über ganz Europa gedacht. Gescheitert ist es aber nicht nur an der militärischen Lage, sondern auch an inneren Widersprüchen, wie etwa dem «Zwang zur Freiheit» und den Auswüchsen des Besatzungsregimes. Obgleich eine politische Bewußtseinsbildung hohen Grades durch die Mainzer Klubisten erreicht wurde, kann von einer demokratischen Massenbasis nicht gesprochen werden, weil, wie es Josef Andreas Hofmann, der Präsident des rheinisch-deutschen Nationalkonvents einmal ausdrückte, die typischen Mainzer bei ihrem Schoppen Wein nicht von politisch-garstigen Dingen okkupiert werden wollten.

Die eigentliche Revolution im rheinisch-pfälzischen Raum spielte sich erst in napoleonischer Zeit ab. In dieser «Revolution nach der Revolution», als das linksrheinische Gebiet an das Empire Napoleons angeschlossen war und in den heutigen rheinland-pfälzischen Grenzen im wesentlichen die Departements Mont-Tonnerre (mit der Hauptstadt Mainz), Rhin-et-Moselle (mit der Hauptstadt Koblenz) und Sarre (mit der Hauptstadt Trier) entstanden, veränderte sich das wirtschaftliche, politische, soziale und kirchliche Leben derart einschneidend, daß es mit der Überwindung des Feudalismus und der Beseitigung der Reichskirche in der Germania Sacra zur modernen Bürger- und Eigentümergesellschaft kam.

Zweifellos hat das klargegliederte französische Verwaltungssystem, das damals diesen historisch so unterschiedlich strukturierten Gebilden übergestülpt wurde, in vielen Bereichen des öffentlichen Lebens Fortschritte gegenüber dem Ancien régime gebracht. Beflügelten besonders in der Pfalz die Erinnerungen an die räuberischen Kriege Ludwigs XIV. die nationalen Ideen bis weit ins 19. Jahrhundert hinein, so zeigte sich die Bevölkerung des alten Kurfürstentums Trier aufgeschlossen für die sozialen und wirtschaftlichen Neuerungen der Französischen Revolution und Napoleons. Diese wurden nach dem Wiener Kongreß zum großen Teil von den Preußen weitergeführt.

Während auf dem Gebiet der Verwaltung und teilweise auch der Justiz wenigstens eine personelle Kontinuität gewahrt wurde, hat Napoleon auf dem Sektor des höheren Schulwesens mit allen Mitteln versucht, den Rheinlanden Geist und Erziehung der «Grande Nation» einzupflanzen. Er ließ sich dabei allerdings stets von dem Gesichtspunkt leiten, in dem eroberten Gebiet möglichst rasch brauchbare Soldaten für seine Armee zu gewinnen.

Auch im religiösen Bereich hat die französische Zeit manche Neuerungen gebracht. Zwar hatten bereits die aufgeklärten Kurfürsten vor der Revolution in Nachahmung Kaiser Josefs II. mit einer Toleranzgesetzgebung begonnen: Sie eröffneten zum Beispiel auch protestantischen Gelehrten den Zugang zur Mainzer Universität und erlaubten es den Juden grundsätzlich, ebendort auch ihren Doktorgrad zu erwerben. Aber erst im Zuge der Revolutionsgesetzgebung wurden die Juden, deren Zahl in den linksrheinischen Departements größer war als im übrigen Frankreich und die seit dem Mittelalter auf blühende Gemeinden wie Speyer, Worms und Mainz zurückblicken konnten, den Christen zumindest theoretisch gleichgestellt.

Die späteren Entscheidungen des Wiener Kongresses, nach denen die linksrheinischen Gebiete des heutigen Bundeslandes Rheinland-Pfalz wieder auseinandergerissen wurden und im wesentlichen an Preußen (Rheinprovinz), Hessen-Darmstadt (Rheinhessen) und Bayern (Rheinpfalz) gelangten, stießen bei der Bevölkerung nicht gerade auf einhellige Begeisterung. Denn weder wurden die angekündigten Verfassungsrechte bewilligt, noch war man mit der wirtschaftlichen Entwicklung zufrieden, die, durch die Hungerjahre und die Verarmung breiter Bevölkerungsschichten verschärft, eine große Auswanderungswelle nach Übersee zur Folge hatte.

Besonders das Verhältnis der Pfalz zu Bayern war vielfältigen Spannungen ausgesetzt, zumal man linksrheinisch an den Errungenschaften der Franzosenzeit festhielt. Politisch wollten die Pfälzer von einer weitgehend zentralistischen königlich-bayerischen Verwaltungsbürokratie ebensowenig kommandiert werden wie vormals von den Franzosen; denn vieles in der Pfalz war damals freiheitlicher, weniger feudal als im rechtsrheinischen Bayern. Zur wirtschaftlichen Depression dieser Zeit gesellte sich nach der Julirevolution von 1830 eine politische Erregung des gegenüber Militär und Polizei leicht erregbaren pfälzischen Temperaments: Philipp Jakob Siebenpfeiffer und Johann Georg August Wirth, die publizistisch für eine geistige Wiedergeburt Deutschlands stritten und im Preßverein den Versuch einer Parteigründung unternahmen, waren die Wortführer der Radikalen.

Als am 18. April 1832 gemäßigt liberale Bürger in Neustadt an der Haardt zu einem Konstitutionsfest am 26. Mai, dem Jahrestag der bayerischen Verfassung, einluden, funktionierte Siebenpfeiffer das Projekt um: Er rief zum «mannhaften Kampf für Abschüttelung innerer und äußerer Gewalt, für Erstrebung gesetzlicher Freiheit und deutscher Nationalwürde» auf. So versammelten sich am 27. Mai auf dem Schloßberg von Hambach über 20000 Menschen aus allen Teilen der Pfalz, auch aus dem Elsaß, aus Hessen, Baden, Frankfurt, der Rheinprovinz, ja sogar vereinzelt aus Hannover, Sachsen und Württemberg. Unter ihnen waren viele Studenten, zumal aus der burschenschaftlichen Bewegung, aber auch einzelne polnische Freiheitskämpfer und Franzosen. Diese von Wirth als Nationalfest der Deutschen apostrophierte erste große Massenversammlung der deutschen Geschichte mit ihren leidenschaftlichen Appellen zur nationalen Einheit und Freiheit nahm einen friedlichen Verlauf. Während die Rede Siebenpfeiffers in ein Hoch auf Vaterland, Volkshoheit und Völkerbund ausklang, brachte Wirth schließlich einen Hochruf auf die vereinigten Freistaaten und auf ein konföderiertes republikanisches Europa aus.

Das Hambacher Fest, ein Fanal des deutschen Liberalismus, dem Ziel der Einheit näherzurücken, war zugleich ein Vorbote des Revolutionsjahres 1848. Die Forderung nach Volkssouveränität, nach nationaler Einheit und einer Föderation der republikanischen Staaten Europas sollte den Deutschen Bund aus den Angeln heben. Es war im wesentlichen das Vorbild des Wartburgfestes von 1817, das die von der französischen Julirevolution beeinflußten Bürger und Studenten der Rheinpfalz zum Symbol der schwarz-rot-goldenen Fahne Zuflucht nehmen ließ. Daneben spielte aber auch die junge amerikanische Demokratie bei so manchem Hambacher Redner eine Rolle. Als im Gefolge des Festes Studenten einen Anschlag auf den Frankfurter Bundestag verübten, nahm Metternich, der aus Koblenz stammende österreichische Staatskanzler, die Gelegenheit wahr, mit Hilfe der einzelnen Regierungen eine zweite Demagogenverfolgung einzuleiten und die Bundestagsbeschlüsse vom 28. Juli 1832 zu erwirken: «Presse- und Versammlungsfreiheit» wurden wieder unterdrückt, Wirth zu Gefängnis verurteilt, und viele führende Männer flohen ins Ausland. All das konnte jedoch nichts an dem geschichtlichen Ergebnis ändern: Die freiheitliche und nationale Bewegung in Deutschland, die ja ursprünglich aus dem Kampf gegen die französische Vorherrschaft entstanden war, hatte durch diese Verfolgung weitere Impulse erhalten.

Ein Mann mit Herz und Engagement – Friedrich Wilhelm Raiffeisen

Im Ringen um die kleindeutsche oder großdeutsche Lösung kreuzten sich nach dem Scheitern der «Achtundvierziger» auch im Rheinland wiederum die Geister: Die Loyalität gegenüber dem neuen preußischen Staat und die alte Anhänglichkeit an das Haus Österreich lagen vor allem in Rheinpreußen im Streit.

Als die nationale Einheit schließlich unter Bismarck zustande kam, wurde die rheinische Geschichte vielleicht ärmer an bedeutenden Gestalten. Wollte man jedoch die weltbewegenden Antworten einbeziehen, die der aus Trier stammende Karl Marx und der in Mainz wirkende Wilhelm Emmanuel von Ketteler dem Anruf einer neuen Zeit richtungsweisend gegeben haben, so müßte man ein eigenes Kapitel oder Buch über die brennende soziale Frage im 19. Jahrhundert schreiben. Das Wirken und die Bedeutung dieser

Fortsetzung Seite 53

Nach dem Vorbild des Speyrer Domes ließ Kaiser Heinrich IV. den salischen Ostchor des Mainzer Domes neu errichten, nachdem dieser Teil des Bauwerks im Jahr 1081 das Opfer eines Brandes geworden war. Während der Westchor dem Heiligen Martin geweiht ist, hat man den Ostchor, hier vom Markt aus gesehen, nach dem Heiligen Stephan benannt.

Nächste Doppelseite: Der rheinland-pfälzische Landtag residiert im Deutschordenshaus in Mainz, einem Bauwerk des frühen 18. Jahrhunderts, das nach dem Vorbild französischer Schlösser gestaltet ist. Nach der Zerstörung im Zweiten Weltkrieg wurde es als einer der ersten Repräsentationsbauten der Stadt wiederhergestellt.

Deutschlands ältester Renaissance-Brunnen: der Marktbrunnen in Mainz. Erzbischof Albrecht von Brandenburg ließ ihn nach dem Sieg über die aufständischen Bauern und Winzer im Jahr 1526 errichten. Die drei Heiligen Sankt Bonifatius, Sankt Ulrich und Sankt Martin im Dachaufbau stammen aus der Werkstatt des Bildhauers und Bildschnitzers Hans Backoffen, der seit 1509 im Dienst der Mainzer Erzbischöfe stand.

Eine Besonderheit des auch sonst reich mit Kunstwerken ausgestatteten Mainzer Domes besteht in der großen Anzahl von aufwendigen Grabdenkmälern im Inneren des Kirchenraumes. An ihnen lassen sich Entwicklung und Stilfolgen deutscher Grabplastik vom Mittelalter bis ins 19. Jahrhundert verfolgen.

Spannung und Harmonie im Kontrast von Tradition und Moderne: Die Aluminiumplastik «Lebenskraft» des Spaniers Andreu Alfaro vor dem Mainzer Rathausportal wurde 1982 errichtet. Im Hintergrund Teile der Altstadtsilhouette mit dem Dom.

Nächste Doppelseite: Mainzer Geselligkeit und Lebensfreude offenbaren sich nicht nur während der «Fassenacht», sondern etwa auch an schönen Sommertagen, wie hier bei einem Open-Air-Konzert auf dem Marktplatz. Links im Bild die Heunensäule aus rotbraunem Sandstein.

REX KINO CENTER
REX KINO CENTER
Mode-Studio

Fachwerkhäuser aus dem 15. bis 18. Jahrhundert am Kirschgarten in Mainz, einer nach den früheren Hausgärten benannten Straße. Das Haus Nr. 26–28 «Zum Aschaffenberg» stammt aus der zweiten Hälfte des 15. Jahrhunderts. Es zeigt Vorformen des «Wilden Mannes», einer besonderen Fachwerkform, in der man eine stilisierte Männerfigur mit erhobenen Armen sehen kann.

Männer ist so sehr mit der allgemeinen Geschichte der sozialistischen Idee bzw. des sozialen Katholizismus bis in unsere Zeit hinein verbunden, daß es schwerfällt, regionale Antriebskräfte in den Mittelpunkt einer Würdigung zu stellen. Es soll jedoch nicht verkannt werden, daß aus der Entwicklung von Karl Marx die Probleme seiner unmittelbaren Umwelt nicht wegzudenken sind. Die Geschichte der deutschen Arbeiterbewegung vom Kommunistischen Manifest bis zu den Sozialistengesetzen unter Bismarck und darüber hinaus hat mehrere Schauplätze auch auf rheinisch-pfälzischem Boden.

Der Kulturhistoriker Wilhelm Heinrich Riehl hat in seiner Naturgeschichte des deutschen Volkes von 1853 dem Kapitel über den Westerwald die Überschrift gegeben: «Das Land der armen Leute». Vor diesem düsteren Hintergrund muß das Entstehen und die Entwicklung der bäuerlichen Genossenschaftsidee im 19. Jahrhundert gesehen werden, der besonders der 1818 in Hamm an der Sieg geborene Friedrich Wilhelm Raiffeisen kräftige Impulse gab. Besuch der Volksschule seines Heimatortes, Privatunterricht durch den Ortspfarrer, militärische Laufbahn in Köln, Koblenz und Sayn – das sind die wichtigsten Daten seiner keineswegs außergewöhnlichen Jugendzeit.

Erst als Raiffeisen 1845 Bürgermeister in der über 20 Gemeinden umfassenden Amtsbürgermeisterei Weyerbusch im Westerwald wurde, legte er mit der Gründung des «Brodvereins» im Hungerwinter 1846/1847 den Grundstein für sein genossenschaftliches Wirken. Als Bürgermeister von Flammersfeld rief er den «Flammersfelder Hülfsverein zur Unterstützung unbemittelter Landwirte» und als Bürgermeister von Heddesdorf bei Neuwied den Wohltätigkeitsverein ins Leben, der 1862 in «Heddesdorfer Darlehenskassen-Verein» umbenannt wurde. Durch die Verschlimmerung eines Augenleidens bereits 1865 in den Ruhestand versetzt, widmete sich Raiffeisen trotz seiner schwierigen wirtschaftlichen Verhältnisse mit allen Kräften der Genossenschaftsarbeit.

Im Jahr 1866 erschien sein grundlegendes Werk «Die Darlehenskassen-Vereine als Mittel zur Abhilfe der Noth der ländlichen Bevölkerung sowie auch der städtischen Handwerker und Arbeiter», das bis heute nicht weniger als sieben Auflagen erlebt hat. Raiffeisen ging es um die Stärkung des bäuerlichen Abwehr- und Selbsthilfewillens. So unterschieden sich die Darlehenskassenvereine von den früheren Hilfsorganisationen dadurch, daß ihre Tätigkeit sich lediglich auf die Gewährung von Darlehen erstreckte und die Abnehmer von Darlehen Mitglied bei der Genossenschaft werden mußten. Der erwirtschaftete Gewinn wurde allerdings nicht unmittelbar unter den Mitgliedern verteilt, sondern floß einem unteilbaren Fonds zu. Obschon also in diesen Vereinen die ökonomischen Prinzipien stärker zur Geltung gebracht waren, blieb in ihnen doch auch weiterhin der Gedanke der christlichen Bruder- und Nächstenliebe verwurzelt, der nicht zuletzt in der unbeschränkten solidarischen Haftung aller Genossen («Einer für alle – alle für einen») seinen Ausdruck fand.

Raiffeisen hat es mit seinem Werk beispielhaft verstanden, die genossenschaftliche Idee einer Vermittlung und eines notwendigen Gleichgewichts zwischen Freiheit und Solidarität, zwischen wirtschaftlichem Egoismus und christlicher Nächstenliebe lebendig werden zu lassen. Während es zu seiner Zeit modern war, sich mit den Problemen der Industrialisierung auseinanderzusetzen, spürte er den Verhältnissen auf dem Lande nach und befaßte sich mit den Veränderungen in der Welt der kleinen Dörfer und der noch nicht von der neuzeitlichen Mobilität ergriffenen Bevölkerung, die nicht selten materiell und seelisch zu verkrüppeln drohte. Das Ziel seiner Hilfssysteme war die Anweisung zu praktisch-konkretem Handeln aufgrund seiner Beobachtungen. Wenn man Hermann Schulze-Delitzsch nicht selten als das Hirn der Genossenschaftsbewegung im 19. Jahrhundert bezeichnet hat, so war Raiffeisen ihr stark pulsierendes Herz.

Karl Marx, der linksrheinische Jahrgangsgenosse Friedrich Wilhelm Raiffeisens, mag die soziale Frage in seinem «Kommunistischen Manifest» und in seinem «Kapital» vielleicht zupackender formuliert haben als der kleine Bürgermeister aus dem Westerwald, dennoch: Raiffeisen hatte abseits aller ideologischen Konstrukte sein Ohr stärker am Mund des Volkes. Marx dürfte zwar letzten Endes die Weltgeschichte stärker beeinflußt

haben als der Westerwälder Genossenschaftsgründer, aber die Ideen Friedrich Wilhelm Raiffeisens erwiesen sich letztlich als so flexibel, daß sie heute noch tragen – weltweit.

Rheinland-Pfalz, Land der Burgen und Burgruinen.

Links: Die Martinsburg in Niederlahnstein.

Mitte: In der Altstadt von Mayen steht auf einem Felsbuckel die mit vier Türmen und mächtigen Basaltmauern bewehrte Kurfürstliche Burg, die der Sage nach der Sitz des Pfalzgrafen Siegfried, des Gemahls der Genoveva war, und deshalb Genovevaburg genannt wird. Heute ist hier das Eifelmuseum untergebracht.

Auf der Höhe des Mittelalters: Bauten kirchlicher und weltlicher Macht

Der heutige Besucher und Tourist in Rheinland-Pfalz, auch jener aus der Neuen Welt, der nicht selten auf den genealogischen Spuren seiner Ahnen wandelt und über seine eigentliche Herkunft aus «Old Germany» belehrt sein möchte, wird besonders von den Kunst- und Kulturdenkmälern in diesem Land angezogen. Einige von ihnen, wie die römischen Hinterlassenschaften in Trier, der ältesten Stadt Deutschlands, die Kaiserdome am Rhein, aber auch verschiedene Burgen und Schlösser haben geradezu «Weltgeltung» erlangt, und eine Rheinfahrt von Bingen bis Koblenz, vorbei an jenen romantischen Ruinen deutscher Kleinstaatlichkeit, gehört mit zum Programm vieler Besucher sogar aus dem fernen Osten, vor allem aus Japan. Keine der rheinland-pfälzischen Städte hat wie Trier ihr antikes Erbe gepflegt, umsorgt und trotz aller Zerstörungen im Kern bewahren können, so daß es auch am Ende des 20. Jahrhunderts noch jeden aufmerksamen Besucher in seinen Bann schlägt.

Dieses Zentrum der abendländischen Welt, des europäischen Geistes und der christlichen Botschaft konnte in seinen besten Zeiten als Rom des Nordens gelten. Trier war aber nicht nur Römerstadt, sondern auch mittelalterlicher Bischofssitz und spätmittelalterliche Kurfürstenresidenz – mit einem weitausgreifenden Erzbistum, das bis zum Vorabend der Französischen Revolution, wie bereits angedeutet, auch einige Gebiete des linksrheinischen Nachbarn umschloß.

Rechts: Der Runde Turm, einst Herzstück der Stadtbefestigung von Andernach. Über einem 33 Meter hohen Basisturm erhebt sich ein schlanker, achteckiger Turm mit acht kleinen Giebeln und Rautenhelm. Das markante Bauwerk aus den Jahren 1448 bis 1452 gehört zu den eindrucksvollsten Befestigungsbauten am Rhein.

Wo anders in unserem deutschen Vaterland ist die Präsenz von christlichem Erbe so konkret und sichtbar im Stadtbild eingraviert: im Dom, in den alten Stiftskirchen und den Klöstern. Zur urbanen Vollendung der Stadt des heiligen Apostels Matthias gehörten auch und besonders die Bürger, die Handwerker, die Zünfte, gehörte das Zusammenwachsen der Bewohner zu einem Organismus. Stadtrecht und Selbstverwaltung, Mitsprache und Teilhabe an der Regierung wie am wirtschaftlichen Aufschwung eines Umschlagplatzes für den weltberühmten Moselwein haben auch das bürgerliche Selbstbewußtsein der Trierer gefördert.

Die großen Dome am Mittelrhein, in Mainz, Worms und Speyer, verkörpern neben den römischen Hinterlassenschaften der alten Augusta Treverorum und neben dem, was im Bereich der Burgenkultur des späteren Mittelalters in einigen markanten Beispielen noch heute vor uns steht, die bedeutendsten Kunstdenkmäler auf dem Boden von Rheinland-Pfalz. Sie sind aber nicht nur kunst- oder baugeschichtlich bedeutsam, sondern symbolisieren in ihrem Ursprung mehr, als wir heute auf Anhieb zu erkennen vermögen: etwas von der Symbiose zwischen Geistlich und Weltlich und damit von der politischen Prägekraft, die einst die Landschaften in einer weltumspannenden Idee umschlossen.

Der tausendjährige Dom des heiligen Martinus zu Mainz, dessen Jubiläum im Gedächtnis an seinen Erbauer Willigis 1975 gefeiert wurde, steht samt seinen Vorgängerbauten für die Beständigkeit der alten Aurea Moguntia, ist aber mit seinen vielen Beschädigungen, Bränden und Wiederaufbauarbeiten auch ein Zeichen dafür, wie die Lande am Mittelrhein immer wieder unter Zerstörung, Krieg und Feindschaft zu leiden hatten. Am Hochaltar dieses Domes soll ein Gedicht eingraviert gewesen sein, das den Glanz des alten Erzbistums und seiner Hauptstadt beschwor und einen Begriff von dem unbändi-

gen Stolz auf die große Vergangenheit vermittelte: «Ich bin die goldene Stadt, Mainz mit Namen genannt, Lieblingstochter Roms, der würdigen Mutter der Welt, mit Volk erfüllt und köstlich und heiter gelegen, durch Flüsse, Quellen und Luft ganz mit Gesundheit gesegnet; eine Leuchte und Zier bin ich dem Gottesdienste und bevölkert von frommen und gutgesinnten Bürgern, die selten Fehde führen und stets des Friedens Freunde sind: Das ist mein Ruhm vor allen Städten der Welt.»

Der Mainzer Dom stellt als einstige Hauptkirche der Erzkanzler des Heiligen Römischen Reiches ein durch eine überaus reiche Fülle prachtvoller Grabdenkmäler ausgezeichnetes Kulturmonument dar, an das die Wogen der abendländischen Politik unmittelbar und manchmal sich überschlagend heranbrandeten. Man hat ihn mit einem mächtigen, ruhenden Schiff verglichen, im Häusermeer der Stadt vor Anker gegangen. Mit seinen kreuzbekrönten Türmen überragte er alles andere, und auch noch in jüngster Zeit hebt er sich von der modernen Bebauung einmalig und unverwechselbar ab. Die Maßstäbe einer alten Metropole haben Stadt und Hauptkirche geprägt – vielleicht schon seit jener Zeit, da Moguntiacum als Sitz des kaiserlichen Statthalters Zentrum für ein Gebiet war, das etwa von Koblenz über den Taunus nach Frankfurt und Darmstadt und südlich weiter bis zum Bodensee, ja Genfer See reichte und das wohl Dijon ebenso einschloß wie Straßburg, von wo das Mainzer Geistesleben während des Humanismus wie zu Beginn des 19. Jahrhunderts in besonderer Weise befruchtet wurde.

Unter Bonifatius, dem «Apostel der Deutschen», erlangte Mainz bereits im 8. Jahrhundert die Grundlage für seine spätere kirchenpolitische und verfassungsrechtliche Entwicklung. Auf diesem Fundament ruhte die eine der tragenden Säulen mittelalterlicher Weltordnung, die zur Entfaltung der Kirche und damit zur zunehmenden Macht ihres

Links: Die Klosterkirche Sankt Bernhard des ehemaligen Zisterzienserklosters in Eußerthal bei Annweiler. Hier, in der Abgeschiedenheit des Pfälzer Waldes, hatten sich im 12. Jahrhundert Zisterziensermönche aus Lothringen niedergelassen und eine Kirche aus mächtigen roten Sandsteinquadern erbaut. Nach der Säkularisierung des Klosters 1560 verfiel sie, wurde jedoch in den Jahren 1961/62 umfassend restauriert.

Mitte: Die spätromanische Martinskirche in Worms, eine dreischiffige Gewölbebasilika aus dem 13. Jahrhundert.

Rechts: Die 1468 fertiggestellte Liebfrauenkirche in Worms, deren Westfassade von den schlanken Türmen geprägt wird. Bis zum Ende des 18. Jahrhunderts war sie ein vielbesuchter Wallfahrtsort.

vornehmsten deutschen Erzbischofs führte. Eine weitere Säule basiert auf dem Kaisertum von Gottes Gnaden; und weil der Mainzer Erzbischof der erste Geistliche in deutschen Landen war, wurde er mit der Zeit der angesehenste unter den Reichsfürsten. Dieses Ansehen fand seinen Ausdruck in der Übernahme des Erzkanzleramtes, das seit der zweiten Hälfte des 10. Jahrhunderts fest mit Mainz verbunden war. Diese politisch außerordentlich wichtige Funktion stand in unmittelbarer Beziehung zur kirchlichen Position des Mainzers. In einer Quelle aus dem 11. Jahrhundert erscheint Mainz gar als «metropolis Germaniae», und in der Tat stellte diese Kirchenprovinz in ihrer Ausdehnung von der unteren Elbe bis zu den Graubündener Alpen, von den Vogesen bis zur thüringischen Saale den größten kirchlichen Verwaltungskörper im Reich, ja im gesamten Abendland dar. Obwohl der Mainzer auf den Titel eines Primas Germaniae keinen gesteigerten Wert legte, war er durch das Erzkanzleramt unbestritten der erste Fürst des Reiches. Das läßt sich besonders an seinen Befugnissen bei der Kaiserkrönung ablesen, die ihm die Handhabe boten, erfolgreich den «Königsmacher» zu spielen. Nach den Rheinischen Geschichten und Sagen von Niklas Vogt konnte etwa Gerhard II. von Eppstein von sich behaupten, «daß er die Kaiser in seiner Tasche stecken habe». Auch in der Baugeschichte der Wormser Kathedrale sind wichtige historische Daten gleichsam eingemeißelt. Nicht weniger als zweiundzwanzigmal hat Karl der Große in der Civitas Wormatia geweilt und wiederholt in der dortigen Pfalz überwintert, ja hier im Jahr 783 seine Hochzeit mit Fastrada geschlossen. Die Einheit von Kirche und Reich, Thron und Altar dokumentiert sich aber besonders sinnfällig in der Kathedrale des Bischofs Burchard aus ottonischer Zeit, einem durch Fülle und Ausstrahlung seiner Formen wie durch die Geschlossenheit des Gesamtbildes einzigartigen Beispiel romanischen Baustils in seiner hohen Reife.

Links: Die Äbtissin Hildegard von Bingen (1098–1179) aus Bermersheim bei Alzey, die durch ihre Visionen berühmt wurde, gilt als die erste deutsche Mystikerin. Kulturgeschichtlich bedeutsam sind ihre naturwissenschaftlichen Werke und Schriften, in denen sie für die Reform des kirchlichen Lebens eintrat («Hildegard zeichnet ihre Visionen auf», Miniatur aus dem Codex Scivias).

Rechts: Die «Vision der heiligen Hildegard» (Bilderhandschrift, um 1230, Stadtbibliothek Lucca).

Als Bischof Burchard im Jahr 1000 zu seiner geistlichen Würde noch die weltliche Kompetenz im Wormser Bereich erhielt, war dies Anlaß genug, mit der Neuordnung des Bistums auch eine neue Zentralkirche zu errichten. Diese war freilich erst nach Abbruch einer karolingischen Vorgängerin, einer dreischiffigen Basilika, zu verwirklichen. Den systematischen Ausbau seiner Residenz zum politischen und kirchlichen Machtzentrum vollzog der Bischof gleichrangig mit der Gründung mehrerer Stiftskirchen, die in den kommenden Jahrhunderten nicht nur im regionalen Umfeld, sondern in der Reichspolitik ihren Part spielten. Reichsgeschichtlich bedeutsam ist die Saliergruft im südlichen Seitenschiff des Domes. Hier ruht als erster Herzog Konrad der Rote, der 955 in der Schlacht auf dem Lechfeld gegen die Magyaren gefallen war und auf Anordnung seines kaiserlichen Schwiegervaters Otto I. in der Gruft von Worms bestattet wurde. Darüber hinaus wurden hier etliche Angehörige Kaiser Konrads II. beigesetzt.

Fast alle deutschen Kaiser des Mittelalters, bis hin zu Maximilian, haben in Worms geweilt: an Kirchenfesten, bei Reichsversammlungen und Fürstentagen. Diesen hohen Besuchern mit ihrem Gefolge war eigens der Westchor reserviert. Im Oktober 1147 und an Weihnachten des gleichen Jahres hat Bernhard von Clairvaux in Anwesenheit von Konrad III. im Wormser Dom den Kreuzzug gepredigt, und 1156 wurde Beatrix von Burgund, die Gemahlin Friedrich Barbarossas, hier zur Kaiserin gekrönt.

Das Wormser Konkordat von 1122, das den Investiturstreit (Streit zwischen Papst und Königtum um die Einsetzung der Bischöfe und Äbte) beendete und den Frieden zwischen weltlicher und geistlicher Gewalt für kurze Zeit besiegelte, ist ebenso erwähnenswert wie der gewiß schicksalshafte Wormser Reichstag von 1521, wo Martin Luther vor Kaiser Karl V. und den weltlichen wie geistlichen Autoritäten des Reiches stand und ihnen sein berühmtes: «Hier stehe ich, ich kann nicht anders» entgegenschleuderte. Er leitete damit eine entscheidende Wende in der neuzeitlichen Religions-, Reichs- und Europapolitik, aber auch in der allgemeinen Geistesgeschichte ein.

Links: Der Kardinal, Kirchenpolitiker und Philosoph Nikolaus von Kues (1401–1464), genannt Cusanus, gründete in seiner Heimatstadt Bernkastel-Kues ein Hospital, dem er auch seine umfangreiche Bibliothek vermachte (Stifterbildnis in der Kapelle des Sankt-Nikolaus-Hospitals, Ausschnitt aus einem um 1450–1460 entstandenen Kreuzigungsbild).

Rechts: Bonifatius (um 672/675–754), ein angelsächsischer Benediktinermönch, wurde im Jahr 746 Bischof von Mainz. Die um das Jahr 1000 entstandene Buchmalerei stellt seine Taufe und seinen Märtyrertod dar.

Neben dem katholischen und dem evangelischen Worms und teilweise im Gegensatz dazu steht die Wormatia Judaica, die Stadt mit dem ältesten und größten Judenfriedhof Europas, mit ihrer einst blühenden jüdischen Gemeinde, die den tragischen Weg des europäischen Judentums bis zu seiner verbrecherischen Auslöschung im Holocaust mitzugehen hatte. Martin Buber, der – vor der Ausrottung der jüdischen Gemeinde – in den dreißiger Jahren des öfteren, von Heppenheim oder Frankfurt kommend, den Judenfriedhof betrat, schilderte ihn eindrucksvoll: «Ich stelle mich darein, blicke von diesem Friedhofsgewirr zu der herrlichen Harmonie des Domes empor, und mir ist, als sähe ich von Israel zur Kirche auf ...»

Das größte Bauwerk freilich der romanischen Epoche in Deutschland und das monumentale Zentrum der Erinnerungen an das Kaisertum in den Zeiten seiner universalen Geltung ist der Dom zu Speyer, der auch nach dem Aussterben der Salier und Staufer sowie der ersten Habsburger als Kaisergruft begehrt blieb. Der von Kaiser Konrad II. um 1030 begonnene und von Heinrich III. nahezu vollendete Bau, der in großen Teilen des Mauerwerks mit dem heutigen Dom übereinstimmt, aber eine flache Holzdecke im Mittelschiff und eine rechteckige, ummantelte Apsis aufwies, wurde 1061 geweiht. Kaiser Heinrich IV. jedoch ließ die Bauarbeiten gegen Ende des Jahrhunderts erneut aufnehmen und führte sie bis zu seinem Tod 1106 fort, wobei die Ostteile oberhalb der Krypta erneuert, das Mittelschiff eingewölbt sowie dem Außenbau die Zwerchgalerien und Türme aufgesetzt wurden.

Acht Kaiser und vier Kaiserinnen fanden in Speyer ihre letzte Ruhestätte: Konrad II., Heinrich III., Heinrich IV., Heinrich V., Philipp von Schwaben, Rudolf von Habsburg, Adolf von Nassau und Albrecht von Österreich; dann die Kaiserinnen Gisela, Gemahlin Konrads II., Berta, die Frau Heinrichs IV., Beatrix, Barbarossas Frau, und ihre Tochter Agnes. Aber Speyer spielte auch in der mittelalterlichen Geistesgeschichte eine bedeutende Rolle. 1146 trafen hier Konrad III. und der Abt Bernhard von Clairvaux zusammen

Die Erfindung des Buchdrucks mit Hilfe beweglicher, gegossener Lettern durch Johannes Gutenberg (um 1397–1468) stellte eine kulturelle Revolution von ungeheurer Tragweite dar. Bücher und Schriften konnten nun innerhalb kurzer Zeit und praktisch in unbegrenzter Zahl vervielfältigt werden.

Oben: Gutenberg prüft die ersten Druckbögen der 42zeiligen lateinischen Bibel, die später als Gutenbergbibel berühmt werden sollte, zusammen mit seinem Geldgeber Johann Fust (links) und seinem Gesellen Peter Schöffer (Gemälde von 1871, Gutenbergmuseum Mainz).

Unten: Den Bau der ersten Buchdruckerpresse, deren Nachbildung heute im Gutenbergmuseum in Mainz zu besichtigen ist, hatte Gutenberg, der sich seit etwa 1436 mit dem Problem des Buchdrucks beschäftigt hatte, mit geliehenem Kapital finanziert.

PARABOLE

Incipit prologus sancti iheronī·
presbiteri ī parabolas salomonis
Iungat epistola quos iūgit sacerdoci-
um: immo carta non dividat: quos
xp̄i nectit amor. Cōmentarios in osee·
amos· ⁊ zachariā malachiā· quoq;
poscitis. Scripsissē: si licuisset prevali-
tudine. Mittitis solacia sumptuum·
notarios nr̄os et librarios sustenta-
ns: ut vobis potissimū nr̄m desudet
ingeniū. Et ecce ex latere frequēs turba
diversa poscētiū: quasi aut equū sit me
vobis esurientibz aliis laborare: aut
in ratione dati et accepti· cuiq̄ preter
vos obnoxi⁹ sim. Itaq; lōga egrota-
tione fractus· ne penitus hoc anno re-
ticerē· ⁊ apud vos mutus essem· tridui
opus nomini vr̄o consecravi· interp-
tationē videlicet triū salomonis vo-
luminū: masloth qđ hebrei ꝑabolas·
vulgata editio ꝓverbia vocat: coeleth·
quē greci ecclesiasten· latine ꝯcionatorē
possum⁹ dicere: sirasirim· qđ ī linguā
nr̄am vertit̄ canticū cāticoꝝ. Fertur et
panaretos· ihū filii sirach liber: ⁊ ali⁹
pseudographus· qui sapientia salo-
monis inscribit̄. Quoꝝ priorē hebra-
icum reperi· nō ecclīasticū ut apud la-
tinos: sed ꝑabolas ꝑnotatū. Cui iūcti
erāt ecclīastes· et canticū canticoꝝ: ut
similitudinē salomonis· nō solū nu-
mero librorū: sed etiā materiaꝝ gene-
re coequaret. Secūdus apud hebreos
nusq̄ est: quia et ipse stilus grecam
eloquētiā redolet: et nōnulli scriptoꝝ
veteꝝ hūc esse iudei filonis affirmāt.
Sicud ergo iudith ⁊ thobie ⁊ macha-
beoꝝ libros· legit quidē eos ecclīa· sed
inter canoīcas scripturas nō recipit:
sic ⁊ hec duo volumina legat ad edi-
ficationē plebis: nō ad auctoritatem
ecclīasticoꝝ dogmatū ꝯfirmandam.
Si cui sane septuagīta interpretum
magis editio placet: habet eā a nobis
olim emēdatā. Neq; enī nova sic cu-
dim⁹: ut vetera destruam⁹. Et tamē cū
diligētissime legerit· sciat magis nr̄a
scripta intelligi: que nō in terciū vas
trāsfusa coacuerit: sed statim de prelo
purissime ꝯmēdata teste: suū saporē ser-
vaverit. Incipiūt parabole salomōis
Parabole salomonis
filii david regis isrl̄:
ad sciendā sapienti-
am ⁊ disciplinā: ad
intelligenda verba
prudentie et suscipi-
endā eruditationē doctrine: iusticiā
et iudiciū ⁊ equitatē: ut detur parvulis
astutia: et adolescenti sciencia et intel-
lectus. Audiēs sapiēs sapientior erit: ⁊
intelligēs gubernacula possidebit. Ani-
advertet parabolam et interpretatio-
nem: verba sapientū ⁊ enigmata eoꝝ.
Timor dn̄i principiū sapiētie. Sapien-
tiam atq; doctrinam stulti despiciūt.
Audi fili mi disciplinā pr̄is tui et ne
dimittas legem mr̄is tue: ut addatur
gracia capiti tuo: ⁊ torques collo tuo.
Fili mi si te lactaverint peccatores: ne ac-
quiescas eis. Si dixerit veni nobiscū·
insidiemur sāguini· abscōdam⁹ tendi-
culas ꝯtra insontem frustra· degluciā-
mus eū sicud infernus viventē ⁊ inte-
grum· quasi descēdentē in lacū: omne
preciosā substanciā reperiem⁹· implebim⁹
domus nr̄as spoliis· sortem mitte no-
biscum· marsupiū sit unum omniū
nr̄m: fili mi ne ambules cū eis. Pro-
hibe pedem tuū a semitis eoꝝ. Pedes
enī illoꝝ ad malū currūt: ⁊ festināt ut
effundant sāguinem. Frustra autem
iacit̄ rete ante oculos pēnatoꝝ. Ipsi q̄
contra sanguinē suū insidiantur: et

Prunkstück aus den Anfängen der Buchdruckerkunst: Die berühmte Gutenbergbibel, die in 47 Exemplaren erhalten ist. Die aufwendig mit handgemalten Initialen und Verzierungen versehene, zweispaltig gesetzte Bibel wurde spätestens 1456 in Mainz vollendet.

– der Kaiser mit jenem geistesmächtigen und rhetorisch wirkungsvollen Mann aus dem aufstrebenden Zisterzienserorden, der den Herrscher mit seiner Weihnachtspredigt im Dom zur Teilnahme am zweiten Kreuzzug zu bewegen wußte. Auch wichtige «weltliche» Begebenheiten der mittelalterlichen Geschichte sind mit der Stadt und dem Dom zu Speyer verbunden: 1193 die Auslieferung des englischen Königs Richard Löwenherz an Heinrich VI., der hier über ihn zu Gericht saß; und 1198 zog Adolf von Nassau von Speyer zur Schlacht nach Göllheim gegen Albrecht von Österreich aus, welcher sich die Stadt am Rhein neben Nürnberg zum wichtigsten Aufenthaltsort gewählt hatte.

Links: Wilhelm Emmanuel Freiherr von Ketteler (1811–1877), von 1850 bis 1877 Bischof von Mainz. Er gilt als Begründer der katholischen Soziallehre.

Mitte: Friedrich Wilhelm Raiffeisen (1818–1888), Bürgermeister aus dem Westerwald. Angesichts der Misere der Landwirte entwickelte er den Genossenschaftsgedanken und begründete die ländlichen Genossenschaften.

Rechts: Der Philosoph, Publizist und Nationalökonom Karl Marx (1818–1883) aus Trier, zusammen mit Friedrich Engels Begründer des Marxismus.

Als besonders großartige Leistung des 11. Jahrhunderts steht der jüngst grundlegend restaurierte Dom zu Trier vor uns: die an eine Festung erinnernde monumentale Gottesburg des Erzbischofs Poppo. Die berühmten Abteikirchen von Maria Laach und Sankt Matthias in Trier sowie Liebfrauen in Andernach und Trier, die Klosterkirche Enkenbach, der Chorbau in Pfaffenschwabenheim, besonders aber der vom Naumburger Meister errichtete Lettner am Westchor des Mainzer Doms haben die romanische Schwere hinter sich gelassen und zeugen in ihrer vertikalen Betonung und Feingliedrigkeit bereits vom Hochgefühl der Gotik. Als Schmuckstück der Hoch- und Spätgotik gilt die Kollegiatskirche Sankt Katharina in Oppenheim. Sie vereint in sich die künstlerischen Vorstellungen und Bauideen des Kölner Doms und des Straßburger Münsters.

Die Bewunderung der romantischen Landschaft von Pfalz, Rhein und Mosel ist nicht zuletzt dem großartigen Burgenbau des 13. und 14. Jahrhunderts zu verdanken. Der berühmte Trifels bei Annweiler diente in der Blütezeit des Reiches, unter Saliern und Staufern, als Staatsgefängnis, Reichsschatzkammer und Aufbewahrungsort der Kleinodien des Reiches. Selbst in den heißen Schlachten des Bauernkrieges von 1525 gelang es nicht, ihn einzunehmen und zu erobern.

Nicht weniger als rund 100 Burgen und Schlösser stehen in Rheinland-Pfalz unter staatlicher Obhut. Sie vermögen auch heute noch über alle Nostalgie hinaus ein Stück Geschichte wachzurufen: Beispiele dafür sind die Namen Gondorf, Bürresheim, Cochem, Saarburg, die Burgen an der Weinstraße und am Rhein oder die Burg Eltz.

Viele dieser Burgen sind steingewordene Zeugen der sich im 11. Jahrhundert unter den Saliern am Rhein konzentrierenden Reichspolitik. Nachdem die auf dem hochmittelalterlichen Lehenswesen beruhende ritterliche Feudalherrschaft durch das mehr oder minder absolute Regiment der Landesfürsten abgelöst worden war, wurden sie seit dem 16. Jahrhundert zu zeitweiligen Festungen und Residenzen umgebaut: etwa Kirchheimbolanden, Zweibrücken, Birkenfeld, Dürkheim und Grünstadt.

Bewegende Gedanken, bewegliche Lettern, bewegte Zeiten

Einer der «großen Deutschen» des 15. Jahrhunderts war der 1401 an der Mosel, in dem romantischen Bernkastel-Kues, geborene Nikolaus Krebs. Nach Humanistenart nannte er sich Cusanus und machte als Sohn eines Schiffeigners Karriere in Wissenschaft, Kirche und Politik. Cusanus war ein Universalgenie, ein erfolgreicher Kirchenpolitiker, aber auch ein kindlich-frommer Priester, der trotz aller mathematischen und physikalischen Kenntnisse und seiner Beschäftigung mit Weltraumtheorien von der docta ignorantia, der belehrten, begründeten und wissenden Unwissenheit, überzeugt blieb – von jenem sokratischen Eingeständnis und kantischen Prinzip, daß man sein Wissen einschränken müsse, um für den Glauben Platz zu schaffen. Darüber hinaus gemahnt Cusanus an den Philosophen Gottfried Wilhelm Leibniz, der vor seiner großen Laufbahn als Wissenschaftler am Hof des Johann Philipp von Schönborn in Mainz nach dem Dreißigjährigen Krieg den Keim zu seiner Monadenlehre legte, in der er den Gedanken des Cusanus noch einmal nachdachte, wonach das Höchste und Geringste im Zusammenfall oder «Ineinswerden» der Gegensätze aufgelöst wird.

Einer Zeit des Niedergangs nicht nur im wissenschaftlichen, sondern auch im staatlichen und kirchlichen Leben führt Cusanus in denkerischen Akten immer wieder die Idee des Ausgleichs zwischen den sich widerstreitenden Interessen und Gegensätzen, die Harmonie in der Mannigfaltigkeit vor Augen. Seine konkreten Vorschläge zur Reform des Reiches zielten auf die Festigung innerer Einheit und auf ein Gleichgewicht zwischen den Kräften von oben und unten, von demokratischen und monarchischen Formen: zwischen kaiserlicher Zentralgewalt und den wohl erworbenen Rechten der Stände und Fürsten.

War des Cusaners erstes großes Werk «De concordantia catholica» noch auf die innerchristliche Eintracht bezogen, so ist sein Traktat «De pace fidei» weltweit-ökumenisch ausgerichtet und hat bis heute nichts von seiner Aktualität eingebüßt. Die Konzeption zu diesem bemerkenswerten Opus kam dem Moselaner, als er bei einer Reise nach Vorderasien von den Grausamkeiten erfuhr, die bei der Eroberung Konstantinopels im Frühjahr 1453 begangen wurden. Der Fanatismus religiöser Eiferer hat nach seinen Worten, statt den Krieg zu mildern, die Inhumanität und Grausamkeit desselben verschlimmert. Um dem Mißbrauch des Namens Gottes (wie etwa in den Kreuzzügen) und der Religion im allgemeinen entgegenzutreten, läßt der mitten in seiner Zeit stehende Kardinal sozusagen in einem Prolog im Himmel nicht weniger als 17 Repräsentanten verschiedener Religionen und Völker ihre Gedanken über Gott und die Welt austauschen. Insgesamt hat diese positive Vision die friedliche Einheit in der Vielfalt der ausgeübten Religionen vor Augen, heißt es doch in der Zusammenfassung und im Ausblick: «Es wurde also im Himmel der Vernunft die Eintracht unter den Religionen beschlossen. Vom König der Könige erging der Befehl, daß die Weisen heimkehren und die Nationen zur Einheit wahrer Gottesverehrung anleiten sollten.»

Mag Nikolaus von Kues (Cusanus) auch den größeren Teil seines Lebens als fahrender Universalist außerhalb seiner moselländischen Heimat verbracht haben – nicht zuletzt als Bischof in Brixen und als Kardinal der römischen Kurie –, so zeigt doch sein Testament, daß er sein Erbe in der einzigartigen Stiftung des Hospitals in seinem Heimatort, die heute noch besteht, bewahrt und gepflegt wissen wollte.

Mit einer gleichermaßen umwälzenden wie zukunftsweisenden Erfindung wahrlich die Welt verändert hat ein anderes Kind dieses Landes, der Patriziersohn Johannes Gensfleisch, genannt Gutenberg. Das Leben des vor 1400 geborenen und am 3. Februar 1468 in Mainz gestorbenen Gutenberg ist eigentlich nur aus Kirchenbüchern und Prozeßakten rekonstruierbar. Trotz aller Gutenberg-Renaissance seit der Aufklärung und trotz des Museums der Weltdruckkunst, das in Mainz eingerichtet wurde, ist wenig darüber bekannt, wie eigentlich die Schrifttypen Gutenbergs geschaffen wurden, wenig über seine eigentliche Arbeit, wenig darüber, welche Werke er selbst gedruckt hat, wann und wo

Arbeitsalltag in Rheinland-Pfalz zu Beginn des 20. Jahrhunderts, dokumentiert auf zeitgenössischen Fotografien. Oben: Zu dieser Zeit waren die meisten Regionen noch sehr stark von der Agrarwirtschaft geprägt, vor allem natürlich – wie teilweise noch heute – vom Weinbau: Jung und alt halfen bei der Ernte im Herbst. Die Aufnahme entstand nach der Weinlese am Scharlachberg bei Bingen, einer berühmten Weinlage (Foto von 1910/20). – Mitte: Mit dem Pferdewagen fuhren die Bäcker allmorgendlich ihre frischen Erzeugnisse aus. Im Bild der Wagen der Bäckerei Huff in Bingen (Foto von 1905/10). – Unten: Nicht nur die Hanglagen des Flusses, sondern auch die Mosel selbst gewährte Arbeit und Nahrung: Moselfischer Milbert (Foto von 1935). – Mitte oben: Zur Weinbau-Wirtschaft gehören zahlreiche Berufszweige. Stolz präsentieren sich hier die Küfer in einer Faßfabrik in Andernach mit ihren riesigen Fässern (Foto, um 1912).

Mitte unten: Um die Mitte des 19. Jahrhunderts waren aus Amerika zusammen mit neuen Weinreben Rebseuchen eingeschleppt worden, die verheerende Schäden anrichteten. Bereits um die Jahrhundertwende setzte man Insektizide zu ihrer Bekämpfung ein. Winzer mit Handspritze in seinem Weinberg oberhalb von Bingen; im Hintergrund die Burg Klopp (Foto, um 1905). – Oben: Auch wenn die Industrialisierung in den Regionen des heutigen Rheinland-Pfalz relativ spät und eher zögerlich einsetzte, florierte die chemische Industrie bereits um die Jahrhundertwende. Bautrupp bei Modernisierungsarbeiten im Milchsäure-Betrieb der Firma Boehringer in Ingelheim (Foto von 1910). – Unten: Mit Salzschaufeln ausgerüstete Salzarbeiter, «Saliner» genannt, an einer Sudpfanne in den Bad Kreuznacher Salinen. Die Salzkristallisation fand in einer offenen, etwa 20 Meter langen und 6 Meter breiten Pfanne statt (Foto, um 1920/30).

Edelsteinschleifer in Idar-Oberstein, dem Edelstein- und Schmuckzentrum an der Nahe. Bis vor wenigen Jahrzehnten wurde die Schleifarbeit mittels Schleif-Kippstühlen ausgeführt, da der Schleifer auf diese Weise durch sein Körpergewicht einen starken und gleichmäßigen Druck auf das Schleifgut ausüben kann.

genau er seine Erfindung machte. Aber seine Erfindung selbst, der Druck mit beweglichen Lettern, sorgte für die weiteste Verbreitung des Wortes und ermöglichte damit so etwas wie Gedankenfreiheit für breite Schichten. Schon einige Zeitgenossen, Humanisten vor allem, rühmen Gutenberg nach, durch ihn sei den Menschen eine so große Fülle von Büchern aller Wissensgebiete zugeströmt, daß bald auch der Unbemittelte kein Buch mehr entbehren müsse. Doch diesem frühen Akt der Demokratisierung von Bildung und Wissen folgte bald die Zensur auf dem Fuße. Denn Berthold von Henneberg, der Mainzer Erzbischof und Kurfürst, der im übrigen gegen Kaiser Maximilian einen wichtigen Kampf um die Freiheit und Selbständigkeit der Stände in einem gesunden Föderalismus kämpfte, erließ am 4. Januar 1486 ein Zensuredikt mit folgendem Tenor: Zwar könne man, dank einer gewissen göttlichen Kunst zu drucken, an die Schätze alles Wissens bequem herankommen; aber es gebe Leute, die «aus leerer Ruhmsucht oder aus Gewinnsucht verführt», mit dieser Kunst Mißbrauch begingen und eine Gabe, welche den Menschen zur Kultivierung des Lebens verliehen sei, in «verderblicher und verleumderischer Weise» in ihr Gegenteil verkehrten.

Doch kam es für die alte Kirche, die der Reform an Haupt und Gliedern bedurfte, noch schlimmer: Die moderne Technologie des Johannes Gutenberg wurde zu einem wichtigen Transportmittel für die Schriften Martin Luthers und damit zu einem Sprengsatz der mittelalterlich-katholischen Gesellschaft.

Ein Zeichen der Anerkennung unseres Jahrhunderts für das Wirken des in Armut und Verlassenheit gestorbenen Gutenberg liegt auch darin, daß die im Jahr 1946 wiedereröffnete Mainzer Universität seinen Namen trägt. Gegründet im Jahr 1476 durch den Kurfürsten Diether von Isenburg, war sie zunächst von der Geisteswelle des Humanismus erfaßt, bis sie als vorwiegend theologisch geprägte Anstalt in die Auseinandersetzung mit der lutherischen Lehre geriet und ab 1561 von den Jesuiten übernommen wurde. Noch heute deutet die nach dem Zweiten Weltkrieg wiedererstandene Domus universitatis auf das akademische Zentrum der kurfürstlichen Residenzstadt am Rhein hin, das sich mit Bursen (Studentenwohnheimen) und Kollegienhäusern um die Quintinskirche im Schatten des Domes erstreckte.

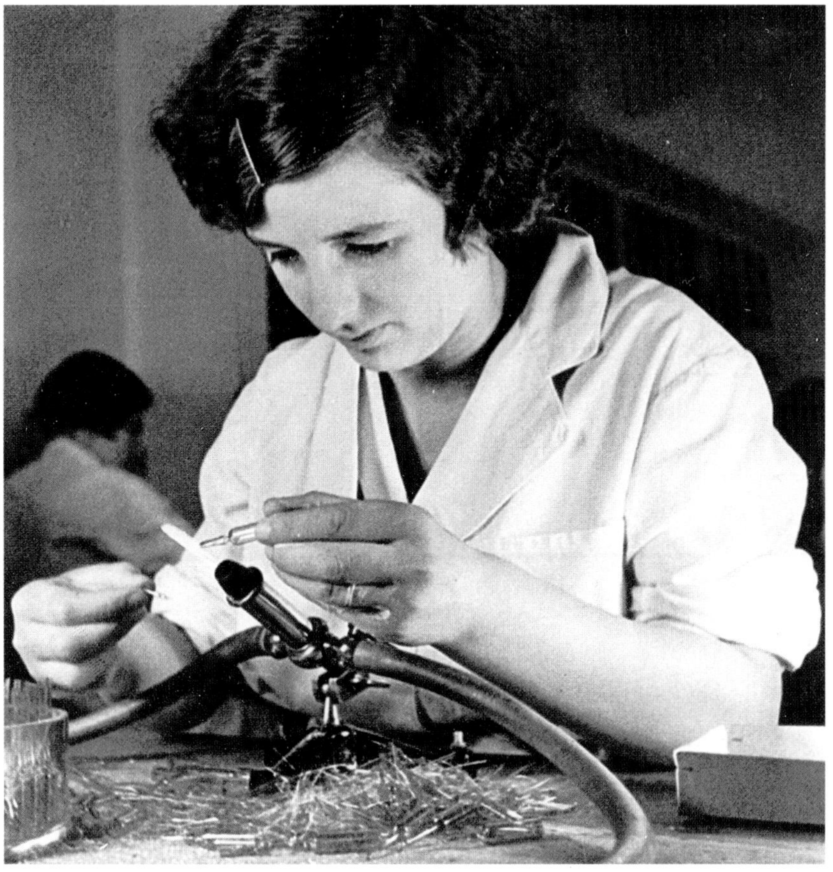

Aufnahmen von 1935 aus der bereits 1885 gegründeten Chemiefabrik C.H. Boehringer in Ingelheim: Die Glasampullen wurden einzeln über dem Bunsenbrenner zugeschmolzen (links), und selbst die Pillen- und Tablettenherstellung erfolgte noch manuell (rechts).

Drei Jahre älter, aber nach dem Zweiten Weltkrieg zunächst nicht wiedererstanden, ist die 1473 gegründete Universität Trier. Seit der Gegenreformation ebenfalls in der Hand der Jesuiten, hat sie sich bis zum Einzug der Franzosen im Jahr 1794 bemüht, dem Kurstaat Seelsorger, Beamte und Ärzte auszubilden. Sie stellte einen kulturellen Mittelpunkt dar, der seine Impulse bis nach Luxemburg, in die Niederlande und nach Frankreich aussandte. In Friedrich von Spee, dem 1635 verstorbenen, unerschrockenen Kämpfer gegen Hexenwahn und Aberglauben, sowie in dem Weihbischof Johann Nikolaus von Hontheim im 18. Jahrhundert, dem Verfasser einer trierischen Geschichte und Konzipient einer vom römischen Stuhl unabhängigen deutschen Reichskirche, hatte sie ihre bedeutendsten Gelehrten. So kann die 1970 unter völlig veränderten Gegebenheiten gegründete Universität Trier auf eine entfernte Tradition in der Moselstadt zurückblicken.

Zurück aber zu Luther, der sich 1521 auf dem Reichstag in Worms vor Kaiser und Reich verantworten sollte. Auf die wiederholte Frage, ob er seine Irrtümer widerrufe, setzte der Reformator in denkwürdigen Sätzen das reformatorische Prinzip endgültig in die Welt und hat damit die Geschichte der nächsten Jahrhunderte entscheidend geprägt: «Da Eure Majestät und Eure Herrlichkeit eine schlichte Antwort begehren, so will ich eine ohne Hörner und Zähne geben. Es sei denn, daß ich durch die Zeugnisse der Schrift oder klare Vernunftgründe überwunden werde – denn ich glaube weder dem Papst noch den Konzilien allein, weil es am Tage ist, daß sie zu mehren Malen geirrt und sich selbst widersprochen haben –, so bin ich überwunden durch die Stellen der Heiligen Schrift, die ich angeführt habe, und gefangen in meinem Gewissen an dem Wort Gottes. Deshalb kann und will ich nichts widerrufen, weil wider das Gewissen zu handeln beschwerlich, nicht ratsam und gefährlich ist. Gott helfe mir, Amen.»

Ohne auf die Ausbreitung des neuen Glaubens im rheinisch-pfälzischen Raum näher einzugehen, sei doch darauf hingewiesen, daß die protestantisch gewordene Pfalz von den schließlich katholisch gebliebenen rheinischen Bischofskirchen durch die Reformation geschieden wurde. Damit scheiterte auch das Aufgehen der Bistümer Speyer und Worms in ein geschlossenes pfälzisches Land, in jenen schon von Ruprecht I., dem Gründer der Heidelberger Universität, erträumten Pfälzer «Einheitsstaat».

Das Stammwerk der Badischen Anilin- und Soda-Fabrik (BASF) in Ludwigshafen. Dieser größte zusammenhängende Industriekomplex Europas erstreckt sich über eine Länge von fünf Kilometern am Rheinufer. Bei seiner Gründung 1865 zählte das Chemiewerk 30 Mitarbeiter, heute beschäftigt es einen Großteil der 180 000 Einwohner der Stadt.

Bauernaufstände, Revolten und lokales Aufbegehren hatte es durch Jahrhunderte gegeben; doch das Jahr 1525 brachte mit dem großen Bauernkrieg die erste sozial und politisch motivierte Aufstandsbewegung, die sich aus vielen früheren, lokal und regional begrenzten Erhebungen speiste: Die Bauern wehrten sich gegen den Geld- und Frondruck ihrer zum Teil verarmten Grundherren. Außerdem waren sie unzufrieden über die Einführung des römischen Rechts, das ihre persönliche Freiheit und Selbstverwaltung sowie ihre Allmenderechte einschränkte.

Nicht zuletzt sind aber religiöse Ansätze festzustellen: Die Verbindung mit der evangelischen Bewegung und die Berufung auf das göttliche Recht der Armen waren die Keimzellen des Bauernkrieges. Der sich rasch über den Schwarzwald verbreitende Aufstand der Hegau- und Klettgau-Bauern führte zur Formulierung der berühmten zwölf Artikel von Memmingen, der die Aufständischen nach Abschaffung der Leibeigenschaft rufen ließ und den Anspruch auf freie Jagd und Fischerei begründete.

Druck und Bild, Flugblatt und Broschüre, ohne welche die deutsche Geschichte im 16. Jahrhundert einen anderen Verlauf genommen hätte, und ohne die eine Bewegung wie die Reformation nicht denkbar ist, verbreiteten die Forderungen der Bauern in nie geahnter Schnelligkeit durch Süd- und Westdeutschland.

Die Bauern, die sich im April 1525 in der Pfalz erhoben, waren nicht durchweg die Ärmsten. Sie kamen sogar aus den fruchtbarsten Gebieten: aus der Haardt, aus dem Alzeyer Hügelland, aus der Rheinebene. Angeführt wurden sie von biederen Bürgermeistern und Schultheißen. Der nicht mehr kleinen Armee von 8000 Mann schlossen sich einzelne Städte und der Landadel an. Nicht alle Bauern sind wie Mörderbanden, sengend und brennend durch das Land gezogen. In den neueren Darstellungen zum Bauernkrieg stehen denn auch weniger das Marodieren und Plündern im Mittelpunkt als vielmehr die Untersuchung der wirtschaftlichen Ursachen und des religiösen Anliegens – die unbehinderte Verkündigung des Evangeliums.

Die Bitburger Brauerei, deren Anlagen das Stadtbild von Bitburg prägen. Die hier gebrauten Produkte haben die kleine Stadt in der Südwesteifel bei den Bierfreunden in aller Welt bekannt gemacht.

In der ehemaligen freien Reichsstadt Pfeddersheim, die 1465 pfälzisch geworden war, spielte sich in der Gemarkung, die noch heute den Namen Bluthohl trägt, eine der bittersten Tragödien in der Schlußphase des Bauernkrieges ab: Am 24. Juni 1525 wurde die letzte große Bauernarmee vom Heer des Pfälzer Kurfürsten besiegt, das heißt erschlagen, erstochen oder hingerichtet. Dieser wenig rühmliche Triumph der kurfürstlichen Waffen besiegelte das Ende des Bauernkrieges im westlichen Deutschland und am Mittelrhein: Die Landleute unterwarfen sich allenthalben, doch die vom Kampf in Mitleidenschaft gezogenen Gebiete blieben auf viele Jahre und Jahrzehnte verwüstet.

«Weinbauren müssen trauren» – Impressionen aus Landwirtschaft und Weinkultur

Noch 1953 konnte Oskar Stübinger, der erste rheinland-pfälzische Minister für Landwirtschaft, Weinbau und Forsten, auf den die Aufforderung: «Es muß mehr gesoffen werden!» zurückgeht, schreiben: «Allein die Tatsache, daß in Rheinland-Pfalz fast die Hälfte aller berufstätigen Menschen in der Land- und Forstwirtschaft beschäftigt ist, zeigt die überragende Bedeutung der Agrarwirtschaft für unser Land.»

Welch großer Wandel hat sich da zugunsten eines modernen Industriestandorts vollzogen. Er sei mit einer einzigen Zahl verdeutlicht: 1947 gab es etwa 218 000 landwirtschaftliche Betriebe, im Jahr 1985 nur noch 55 000, also drei Viertel weniger, und seitdem ist diese Zahl immer weiter im Sinken begriffen. Getreideanbau auf den Muschelkalkböden, Viehzucht und Gehege in den ausgedehnten Wäldern, aber auch Bienenwirtschaft, Obstanbau und schließlich die Kultur des Weines: Sie alle lieferten in den letzten Jahrhunderten die wichtigsten Naturprodukte für einen ausgedehnten Handel und Wandel.

Gerade der Weinbau spielt in Rheinland-Pfalz nicht nur als Wirtschaftsfaktor, sondern auch als gestaltendes Element der Kulturlandschaft von jeher eine wichtige Rolle. Von

Im Gradierwerk von Bad Kreuznach wird aus den heimischen Salzwasserquellen Kochsalz gewonnen. Zur Erzeugung von einem Kilogramm Salz müssen rund 98 Liter Wasser zur Verdunstung gebracht werden. Die hierbei das ganze Tal durchziehenden jodhaltigen Wasserdämpfe machen das Salinental zu einem großen «Naturinhalatorium».

Süden nach Norden reihen sich die bekannten Weinbaugebiete: Pfalz, Rheinhessen, Nahe, Mittelrhein, Lahn, Mosel-Saar-Ruwer sowie das Ahrtal als nördlichste Weinbauregion der ganzen Welt, die vor allem durch ihre Rotweine bekannt ist. Tief verwurzelt sind allenthalben die Bezüge der Vergangenheit: Wer sich in diesen Landstrichen im christlichen Mittelalter seines Seelenheils versichern wollte, der schenkte seiner Kirche einen Weinberg. Und nicht selten verhalf er damit seinem Ort, wenn die Schenkung in einem der berühmten Codices wie dem aus dem Kloster Lorsch verzeichnet wurde, zum Eintritt in die Geschichte. Wer nennt die Namen der Klöster an der Mosel, am Rhein und in der Pfalz, die mit ihrem ausgedehnten Weinbergsbesitz einen Wirtschaftsfaktor sondergleichen darstellten und damit das Lob der Gewächse dieser Landschaften über die Grenzen verbreiteten? Und wer nennt die vielen Feste, die sich um das liebliche Getränk und seinen Anbau im Jahreskreis ranken?

Der Weinbau beziehungsweise die Weinpolitik spielte auch beim Hambacher Fest eine Rolle, als die Winzer von Dürkheim eine schwarze Fahne mit der das Pfälzische verratenden Aufschrift: «Weinbauren müssen trauren» zum Schloßberg hinauftrugen, um gegen ihre schlechte wirtschaftliche und politische Lage zu protestieren.

Auch in anderen Weinbaugebieten kam es zu krisenhaften Zuspitzungen im Vormärz, besonders eklatant im Moseltal. Die im Vorfeld zwischenstaatlicher Einigungsbemühungen abgeschlossenen Kontrakte der deutschen Bundesstaaten, besonders Preußens Verträge mit Hessen, Bayern und Württemberg am Ende der zwanziger Jahre, öffneten den süddeutschen, pfälzischen und rheingauischen Weinen den Markt und ließen die Moselgewächse im Preis so tief sinken, daß man schon zu Beginn der dreißiger Jahre des 19. Jahrhunderts konstatieren mußte, der Weinhandel sei total ruiniert.

«Die Trauben und das Elend blüh'n an der Mosel» wurde im Provinziallandtag resignierend festgestellt und kritisiert, «eine Bouteille geringen Weines» koste nur zwei Silbergroschen, während man in Berlin künstliche Weine zu fabrizieren suche. Die raffinierten

Im Bergwerk Steinkaulenberg in Idar-Oberstein, der einzigen Edelsteinmine in Europa, die zur Besichtigung freigegeben ist. Bereits 1870 wurde hier der Edelsteinabbau eingestellt; heute können die Besucher vor Ort die funkelnden Kristalle und ihre Abbauweise kennenlernen und sogar – wie dieses Foto zeigt – selbst nach Edelsteinen schürfen.

und ausbeuterischen Methoden von Spekulanten, welche Vorschüsse zu hohen Zinsen gaben und später den Wein billig aufkauften, so daß die Winzer neuer Kredite bedurften, verschärften die mißliche Situation. Notverkäufe und Zwangsversteigerungen waren an der Tagesordnung. Und die staatlichen Maßnahmen? Prämien auf bewußt herbeigeführte Verödungen, Förderung von Lohholzschlägen durch zwölfjährige Grundsteuerfreiheit und die Umstellung auf Qualitätsanbau blieben unzulänglich und griffen nicht; kurzum: die Radikalisierung der Moselwinzer nahm zu.

Dies war gleichsam der negative Nährboden, aus dem der junge Karl Marx vor seiner «Haustür» ein wichtiges sozialpolitisches Thema bezog. Später hat er gegenüber Engels des öfteren betont, daß er «gerade durch seine Beschäftigung mit dem Holzdiebstahlgesetz und mit der Lage der Moselbauern von der bloßen Politik auf ökonomische Verhältnisse verwiesen worden und so zum Sozialismus gekommen» sei.

Aber auch die «guten Jahre» wurden immer wieder unterbrochen durch Hungerkrisen, welche besonders seit dem 18. Jahrhundert viele Menschen aus der angestammten Heimat in die Fremde trieben. Die allgemeine Armut führte dazu, daß zum Beispiel im Winter 1846/1847 in der preußischen Rheinprovinz und anderswo das Mittagessen für die «unbemittelten Klassen» nur noch aus Zichorienbrühe und allenfalls ein wenig Sauerkraut bestand.

Auch in den Jahrzehnten danach blieb die Situation der landwirtschaftlichen Betriebe unbefriedigend, ihre durchschnittliche Größe gering: Die meisten waren kleiner als anderthalb Ar. Selbst der Eifelfonds von mehreren Millionen, den der preußische Staat zu Beginn unseres Jahrhunderts für Entwässerungen, Aufforstungen sowie Umwandlungen von Ödland in Kulturböden zur Verfügung stellte, war für weite Landstriche des späteren Bundeslandes Rheinland-Pfalz nicht mehr als ein Tropfen auf den heißen Stein. Und als 1943 und Ende 1944 im Zuge der Ardennen-Offensive die Alliierten das Hinterland planmäßig bombardierten, war jene trostlose Situation erreicht, die noch im Jahr

Im Heimatmuseum von Boppard: Eine Abteilung ist dem Werk des wohl berühmtesten Sohnes der Stadt gewidmet, dem Tischler und Industriellen Michael Thonet (1796–1871). In Wien verwirklichte er mit großem Erfolg seine Idee, Möbel aus gebogenem Bugholz herzustellen. Diese gefälligen «Thonet-Möbel» hatten schon bald fast sämtliche Kaffeehäuser Europas erobert.

1948 ein junger Journalist namens Walter Henkels mit den Stichworten umschrieb: «Rote Zone – das heißt: Notstandsgebiet, Elend, stummer Protest.»

Politische Entwicklungen der Nachkriegszeit

Der Wiederaufbau des Landes Rheinland-Pfalz erfolgte in der Ära Altmeier, der im Juli 1947 zum Ministerpräsidenten gewählt wurde, nachdem der erste vom Landtag gewählte Ministerpräsident Wilhelm Boden bei der Regierungsbildung gescheitert war. In Altmeiers Regierungszeit hat sich Rheinland-Pfalz langsam von den Wunden und Narben des Zweiten Weltkrieges erholt und in einem kontinuierlichen Entwicklungsprozeß entfaltet. Am 9. Juli 1947 bildete Altmeier zunächst ein Allparteien-Kabinett. Dieses wurde jedoch nach dem 14. Dezember 1949 durch eine große Koalition zwischen CDU und SPD ersetzt. Von der zweiten Legislaturperiode 1951 bis einschließlich der sechsten (1971) wurde die Landespolitik von einer Koalition zwischen CDU und FDP bestimmt, seit 1969 bereits unter Altmeiers Nachfolger Helmut Kohl.

Die ersten Jahre der rheinland-pfälzischen Landespolitik waren geprägt durch ein ständiges Bemühen um die materielle Versorgung der Bevölkerung und die Bekämpfung von Hunger und Not.

Gegenüber den Nöten im Alltag und der Erneuerung der durch Kriegseinwirkungen zusammengebrochenen Infrastruktur, kurz: gegenüber dem Wiederaufbau im Zeichen des rasch beginnenden «Wirtschaftswunders» und der Einführung der sozialen Marktwirtschaft verblassen im Rückblick die landespolitischen Fragen, die damals die Gemüter heftig erregten. So etwa das Tauziehen um die Landeshauptstadt (Koblenz oder Mainz) und vor allem die schulpolitischen Debatten. Als Altmeiers Nachfolger Helmut Kohl 1969 den «Aufstand der Jungen» innerhalb der Landespartei mit seiner Wahl zum Ministerpräsidenten krönte, ging es unter dem etwas burschikos formulierten Anspruch

Bilder aus dem «Kannenbäckerland» nördlich von Montabaur, dem das hier ansässige Töpferhandwerk seinen Namen gab. In mehreren Töpfereimuseen im Westerwald sind die charakteristischen graublauen Keramiken zu sehen, die auf den Drehscheiben der Töpfer in dieser Region hergestellt werden und zu den beliebtesten Reiseandenken der Westerwald-Urlauber gehören.

«Hausputz hinter den Fassaden» um innere Reformen in Staat und Gesellschaft: um die Wirtschaftsentwicklung, die Modernisierung der Verwaltung sowie nochmals um die Schulpolitik, die durch eine Änderung des Konkordates die Abschaffung der staatlich verankerten Konfessionsschulen brachte. Das innere «Umpflügen» des Landes machte den jungen Ministerpräsidenten über die Landesgrenzen hinaus bekannt und führte ihn zum Parteivorsitz auf Bundesebene. Nachdem sich Helmut Kohl entschieden hatte, als Oppositionsführer nach Bonn zu gehen, wurde sein Studienfreund und bisheriger Kultusminister Bernhard Vogel am 2. Dezember 1976 Ministerpräsident und blieb es bis Herbst 1988, als die CDU mit Hans-Otto Wilhelm einen neuen Landesvorsitzenden wählte und Vogel auch als Ministerpräsident von Rheinland-Pfalz zurücktrat. Es folgte die Ministerpräsidentschaft des bisherigen Finanzministers und ehemaligen Trierer Oberbürgermeisters Carl-Ludwig Wagner, in der freilich wegen der Kürze der Zeit keine entscheidenden politischen Akzente mehr gesetzt werden konnten.

So erfolgte nach 44 Jahren in Mainz der von vielen schon lange erwartete Machtwechsel. Durch die Landtagswahl vom 21. April 1991 gelang der SPD – mit Hilfe der mit ihr nunmehr regierenden FDP – der Schritt in die Regierung. Rudolf Scharping, der bisher die SPD-Fraktion im Landtag geführt und sich nach einer Parteireform den Landesvorsitz der Sozialdemokraten gesichert hatte, wurde mit den Stimmen seiner Fraktion und denen der FDP zum Ministerpräsidenten gewählt. Er leitete damit eine einschneidende Wende im politischen Kräftespiel von Rheinland-Pfalz ein.

Europäische Perspektiven

Die Bürgerinnen und Bürger von Rheinland-Pfalz, deren Heimat über Jahrhunderte mehr durch Kriege als durch friedliche Zeiten geprägt war und die auch nach 1945 viel Schutt, materiellen wie geistigen, abzutragen hatten, sind dem Gedanken der europäischen Integration besonders verpflichtet. Die internationale Zusammenarbeit hat sich, denkt man an die regionalen, städtischen und kommunalen Partnerschaften des Landes zu Frankreich, Israel und Polen, aber auch an die mit dem afrikanischen Ruanda, außerordentlich gut entwickelt. Daß die Vorbehalte gegen die Agrar- und Weinpolitik der EG oft laut und deutlich geäußert werden, ist auch unter dem Gesichtspunkt zu betrachten, daß man mit Freunden Meinungsverschiedenheiten offen austragen kann. Aber Pessimismus und Verzagtheit, Angst vor der Zukunft und Schwarzmalerei: das ist nicht Sache des rheinisch-pfälzischen Menschenschlags und seiner Mentalität. Gerade der Blick auf die Vergangenheit erschließt die Dimension der Zukunft in diesen Kernlandschaften Europas, so wie sie einmal der aus Bingen-Büdesheim stammende Dichter Stefan George im Jahr 1888 gegenüber einem gleichaltrigen Jugendfreund artikulierte: «Unser Volk vom Rhein hat einfach deshalb mehr Spirit und mehr Verve, weil es mehr mit der Welt in Berührung kam. ... Der Rhein war stets eine große Verkehrsstraße, und die großen Landrouten führten durch unser Land. Bei allen Invasionen haben die Rheinhessen ferner am meisten nicht nur zu leiden gehabt, sondern auch profitiert; und magst Du sagen, was Du willst: ich werde Dir haarklein beweisen, daß die französische Herrschaft (so kurz sie auch gedauert hat) kein unwichtiges Moment in der Ausbildung unseres Volksgeistes war. Berührung mit anderen Völkern, anderen Sitten, anderer Weisheit (das ist das Pferd, auf dem ich gerne trabe) ist das beste Mittel zur Ausrottung aller Steifheit, aller Verblendung, allen Stumpfsinns, aller Knechtschaft, kurz: alles Schlimmen im Geschicke der Völker ...»

In dieser entlegenen Briefstelle wird ebenso wie bei Carl Zuckmayer deutlich, daß sich trotz aller schmerzlicher Erinnerungen die Jahrhunderte nicht als «unschulterbare» drükkende Last auf die Menschen am Rhein, an der Mosel, auf dem Westerwald und in der Pfalz legen, sondern bisweilen auch, aus deren toleranter wie selbstbewußter und kulturell vielgestaltiger Lebensweise heraus, zu befreiendem Lachen und optimistischem Ergreifen von Gegenwart und Zukunft anstiften.

Wehrhaft wie ihre mittelalterliche Burg (im Vordergrund ein Burgturm) waren auch die widerspenstigen Bewohner von Mayen, die nicht selten die Feudalherren der Umgebung das Fürchten lehrten. Der wichtige Ort am Schnittpunkt der alten Eifelstraßen zwischen Koblenz und Trier erhielt bereits im 13. Jahrhundert die Stadtrechte.

Die Pfarrkirche Sankt Laurentius im Stadtzentrum von Ahrweiler zählt zu den bedeutendsten rheinischen Kirchenbauten der frühen Gotik, auch ist sie die älteste Hallenkirche des Rheinlands. Ihre drei gleich hohen Schiffe werden überragt von einem mächtigen, achteckigen Turm, der das gesamte Bauwerk prägt.

Das Kurhaus in Bad Neuenahr, in dem auch das bekannte Spielcasino untergebracht ist. Der 1856 eröffnete Heilbad-Betrieb mit seinen alkalischen Thermen machte Bad Neuenahr schnell zu einem international bekannten Kurort zur Behandlung diverser innerer Erkrankungen.

Die warmen Thermen von Bad Neuenahr sind nicht nur der Gesundheit der Kurgäste, sondern auch den üppigen Beeten der Gartenanlagen sehr förderlich. In den prächtig angelegten Kuranlagen finden die Badegäste Gelegenheit zu beschaulichen Spaziergängen.

Nächste Doppelseite: Eine Schafherde am Fluß zwischen Wäldern und Wiesen – solche Bilder einer romantischen Idylle, in der nur noch der Schäfer und die Schäferin fehlen, verlocken zu Ausflügen in die Eifellandschaft. In der Nähe des Gemündener Maars.

Inmitten der weitläufigen Hügellandschaft der Hohen Eifel mit ihren Basaltkegeln liegt auf einem mächtigen Gesteinsstumpf die Nürburg. Dem Besucher bietet sich von der Aussichtsplattform der restaurierten Burgruine ein eindrucksvoller Blick über diese vulkanische Urlandschaft.

Blick von der Ruine Kasselburg auf den kleinen Ort Pelm. Dieses Gebiet, vor Urzeiten ein meerumspültes Korallenriff, war um die Jahrhundertwende als Fossilienfundstelle weltbekannt. Besonders zur Herbstzeit kamen viele interessierte Reisende hierher, um den Bauern beim Pflügen zu folgen und aus den Ackerfurchen Überreste einer vor 350 Millionen Jahren ausgestorbenen Tier- und Pflanzenwelt aufzusammeln.

Farbenfrohe Boote im Morgennebel auf der dunklen Wasserfläche des Gemündener Maars, das wie die anderen Maare auf die letzte Phase des Vulkanismus in der Eifel vor etwa 10 000 Jahren zurückgeht: Maare sind durch Gasexplosionen entstandene Erdtrichter, die sich im Lauf der Zeit mit Wasser gefüllt haben.

«Eine Gegend wie ein Dichtertraum»

Literarische Streifzüge durch Rheinland-Pfalz

Im vergnüglichen Mainz

Adams und ich gingen durch die Straßen, ständig von unserer nach und nach schwindenden Gesellschaft Abschied nehmend, zum «Hotel de Mayence», wo Sparzet mit dem Wagen schon längst angekommen war. Es war noch mitten am Nachmittag, und nachdem wir mit unbeschreiblicher Munterkeit eine Flasche Hochheimer geleert hatten, gingen wir zusammen aus, um die Stadt zu besichtigen.

Zuerst hörten wir in einigen der zahlreichen Kirchen, an denen wir vorüberkamen, die Messe [...]. Wir bewunderten eine Zeitlang die Dompropstei, das geschmackvollste Gebäude, das wir seit dem Museum in Kassel erblickten, gingen von dort zum Jesuitenkollegium, dessen große, prächtige Masse jetzt als Fabrikgebäude und Armenhaus eingerichtet ist – eine überaus erfreuliche Verwandlung –, und besichtigten die Universität. Mainz hat einen außerordentlichen Vorrat an großen, starken, majestätischen Gebäuden; nur schade, daß sie alle kaum Platz haben, darauf zu stehen. Die Stadt würde, wenn ihre Straßen wesentlich breiter und etwas gerader wären, in ihrem Inneren eine der schönsten Städte Europas sein, wie sie es vom Äußeren her ist. Eine gewisse Festigkeit der Architektur zeichnet sie vor allen Städten aus, die ich gesehen habe; und in dieser Hinsicht ist sie die bisher ansehnlichste nach Kopenhagen. Wir kamen an dem ungeheuren, prächtigen gotischen Dom vorbei zu den Wällen auf der anderen Seite der Stadt, wo wir von der Schanze am stillen Karthäuserkloster im lieblichsten Wetter die prachtvollste Aussicht über die Stadt und ihre siebenundzwanzig Turmspitzen, über den vorbeifließenden Rhein, den sich hineinstürzenden Main und die ganze von anheimelnden Dörfern wimmelnde Landschaft zu beiden Seiten genossen. [...]

Abends versammelte ich mich mit Adams und Sparzet an der Table d'hôte. Die Gesellschaft war äußerst interessant – der Wirt, Herr Pahl, ein überaus gutmütiger Bacchus.

Ich hatte mich auf meinen zahlreichen Pilgerwanderungen nicht wenig erkältet. «Haben Sie keinen Kostheimer, Herr Wirt?» – «Hochheimer, wollen Sie sagen!» – «Nein, Kostheimer, echten, wirklichen Kostheimer?» – «Warum nicht? Ich habe alle möglichen Rheinweine.» Der Kellner brachte sofort eine Flasche. Nie habe ich einen Wein wie diesen geschmeckt. Auf Kosthime! Auf Pantaleon! Auf den Rhein! Und wieder auf Kosthime! «Sie war also aus Kostheim?» fragte Adams. «Kommst du vielleicht von daher?» – «Ach», entgegnete ich, «auf der Rheinbrücke stand: NON PLUS ULTRA.» Er verstand mich. Wir stießen an.

«Es ist wahr», sagte einer in der Gesellschaft – aus Berlin –, «man lebt doch nirgends auf Erden besser als in Mainz! Man hat alle Notwendigkeiten des Lebens im Überfluß, vorzügliches Obst, den vortrefflichsten Wein, die herrlichsten Landschaften, den schönsten Fluß Europas zum Segeln, hübsche Mädchen, einen Wirt wie Herrn Pahl, Ablaß, soviel man braucht, und, kurz gesagt, alles, was man sich wünschen kann.» Wir stimmten alle in seine Lobrede ein: «Auf Mayences Wohl!»

«Wahrhaftig! Es ist, als würde der Rhein das Leben des Südens und alle Zauber des Südens mit sich bringen und plötzlich haltmachen, um sie hier mit dem Main zu teilen», sagte ich.

«Schade», sagte ein eingeborener Mainzer, «daß er wirklich stillsteht, daß ihn der Handel nicht besser in Gang hält. Mainz könnte die blühendste Handelsstadt Deutschlands sein, wenn *die Regierung* ...»

«Ach, laß uns nicht von der Regierung reden!» unterbrach ihn ein anderer.

«*Auf die Freiheit*!» rief Adams. Man stieß an.

«Richtiger gesagt: *wenn der Katholizismus* –», begann ein vierter, um die Betrachtung des Mainzers fortzusetzen.

«Ach», rief ich, «der Katholizismus hat auch seine schöne Seite! In gewisser Weise sind wir alle katholisch, ich für mein Teil, solange er in den Chören bleibt ...»

Wir stießen bis in die Nacht an. [...]

Als wir zur Stadt hinausfuhren, kamen mir die drei Tage, die wir in dem vergnüglichen Mainz verbracht hatten, wie drei Minuten vor, so wie sie mir später und bis heute wie drei Monate erschienen sind. Die anmutigste Lage, das feurige, muntere Aussehen der Einwohner, die schönen Frauenzimmer – und ich könnte hinzufügen, die Erinnerung an Drusus, der hier eins seiner Rheinkastelle anlegte und von dessen Denkmal noch ein Überrest erhalten ist, veranlaßten mich, von den deutschen Städten, die ich gesehen hatte, Mainz den Preis zu geben.

JENS BAGGESEN, 1789

Ein Dichterfürst an der Mosel

Die Stadt [Trier] an sich hat einen auffallenden Charakter, sie behauptet, mehr geistliche Gebäude zu besitzen als irgendeine andere von gleichem Umfang, und möchte ihr dieser Ruhm wohl kaum zu leugnen sein; denn sie ist innerhalb der Mauer von Kirchen, Kapellen, Klöstern, Konventen, Kollegien, Ritter- und Brüdergebäuden belastet, ja erdrückt; außerhalb von Abteien, Stiftern, Kartausen blockiert, ja belagert.

Dieses zeugt denn von einem weiten geistlichen Wirkungskreis, welchen der Erzbischof sonst von hier aus beherrschte, denn seine Diözes war auf Metz, Toul und Verdun ausgedehnt. Auch dem weltlichen Regiment fehlt es nicht an schönen Besitztümern, wie denn der Kurfürst von Trier auf beiden Seiten der Mosel ein herrliches Land beherrscht, und so fehlt es auch Trier nicht an Palästen, welche beweisen, daß zu verschiedener Zeit von hier aus die Herrschaft sich weit und breit erstreckte. [...]

Ich wünschte wohl, die Stadt in guter Jahreszeit, an friedlichen Tagen zu sehen, ihre Bürger näher kennenzulernen, welche von jeher den Ruf haben, freundlich und fröhlich zu sein. Von erster Eigenschaft finden sich in diesem Augenblicke wohl noch Spuren, von der zweiten kaum; und wie sollte Fröhlichkeit sich in einem so widerwärtigen Zustande erhalten.

Freilich, wer in die Annalen der Stadt zurücksieht, findet wiederholte Nachricht von Kriegsunheil, das diese Gegend betroffen, da das Moseltal, ja der Fluß selbst dergleichen Züge begünstigt. Attila sogar aus dem fernsten Osten hatte mit seinem unzählbaren Heere Vor- und Rückzug, wie wir, durch diese Flußregion genommen. Was erduldeten die Einwohner nicht im Dreißigjährigen Kriege, bis zu Ende des siebzehnten Jahrhunderts, indem sich der Fürst an Frankreich als den nachbarlichsten Alliierten angeschlossen hatte und darüber in langwierige österreichische Gefangenschaft geriet. Auch an inneren Kriegen erkrankte die Stadt mehr als einmal, wie es überall in bischöflichen Städten sich ereignen mußte, wo der Bürger mit geistlich-weltlicher Obergewalt sich nicht immer vertragen konnte.

Mein Führer, indem er mich geschichtlich unterrichtete, machte mich auf Gebäude der verschiedensten Zeit aufmerksam, wovon das meiste kurios und daher wohl merkwürdig schien, weniges aber dem Geschmacksurteil erfreulich zusagte, wie vorher an dem Monumente zu Igel gerühmt werden konnte.

Die Reste des römischen Amphitheaters fand ich respektabel, da aber das Gebäude über sich selbst zusammengestürzt und wahrscheinlich mehrere Jahrhunderte als Steinbruch behandelt war, ließ sich nichts entziffern. Bewundernswert jedoch war noch immer, wie die Alten ihrer Weisheit gemäß große Zwecke mit mäßigen Mitteln hervorzubringen suchten und die Naturgelegenheit eines Tals zwischen zwei Hügeln zu nutzen gewußt, wo die Gestalt des Bodens an Exkavation und Substruktion dem Baumeister

Auf einer Reise durch Belgien, Holland und an den Rhein fertigte der englische Maler William Turner (1775–1851) eine Fülle kolorierter Zeichnungen auf farbigem Papier an. Dabei diente ihm auch der sagenumwobene Loreley-Felsen als Motiv («Lurleiberg and St. Goarshausen», 1817).

vieles glücklich ersparte. Wenn man nun von den ersten Höhen des Martisberges, wo diese Ruine gelegen, etwas weiter aufsteigt, so sieht man über alle Reliquien der Heiligen, über Dome, Dächer und Schirme nach dem Apolloberg hinüber, und so behaupten beide Götter, den Merkur zur Seite, ihres Namens Gedächtnis; die Bilder waren zu beseitigen, der Genius nicht. [...]

Über die große Brücke, auch noch im Altertum gegründet, führte man mich im heitersten Momente; hier nun sieht man deutlich, wie die Stadt auf einer mit ausspringendem Winkel nach dem Fluß zudrängenden Fläche, welche denselben gegen das linke Ufer hinweist, erbaut ist. Nun überschaut man vom Fuße des Apolloberges Fluß, Brücke, Mühlen, Stadt und Gegend, da sich denn die noch nicht ganz entlaubten Weinberge sowohl zu unsern Füßen als auf den ersten Höhen des Martisberges gegenüber gar freundlich ausnahmen, anschaulich machten, in welcher gesegneten Gegend man sich befinde, und ein Gefühl von Wohlfahrt und Behagen erweckten, welches über den Weinländern in der Luft zu schweben scheint. Die besten Sorten Moselweine, die uns nun zuteil wurden, schienen nach diesem Überblick einen angenehmern Geschmack zu haben. [...]

Die Uferansichten der Mosel waren längs dieser Fahrt höchst mannigfaltig; denn obgleich das Wasser eigensinnig seinen Hauptlauf von Südwest nach Nordost richtet, so wird es doch, da es ein schikanöses, gebirgisches Terrain durchstreift, von beiden Seiten durch vorspringende Winkel bald rechts, bald links gedrängt, so daß es nur im weitläufigen Schlangengange fortwandeln kann. Deswegen ist denn aber auch ein tüchtiger Fährmeister höchst nötig; der unsere bewies Kraft und Gewandtheit, indem er bald hier einen vorgeschobenen Kies zu vermeiden, sogleich aber dort den an steiler Felswand herflutenden Strom zu schnellerer Fahrt kühn zu benutzen wußte. Die vielen Ortschaften zu beiden Seiten gaben den muntersten Anblick; der Weinbau, überall sorgfältig gepflegt,

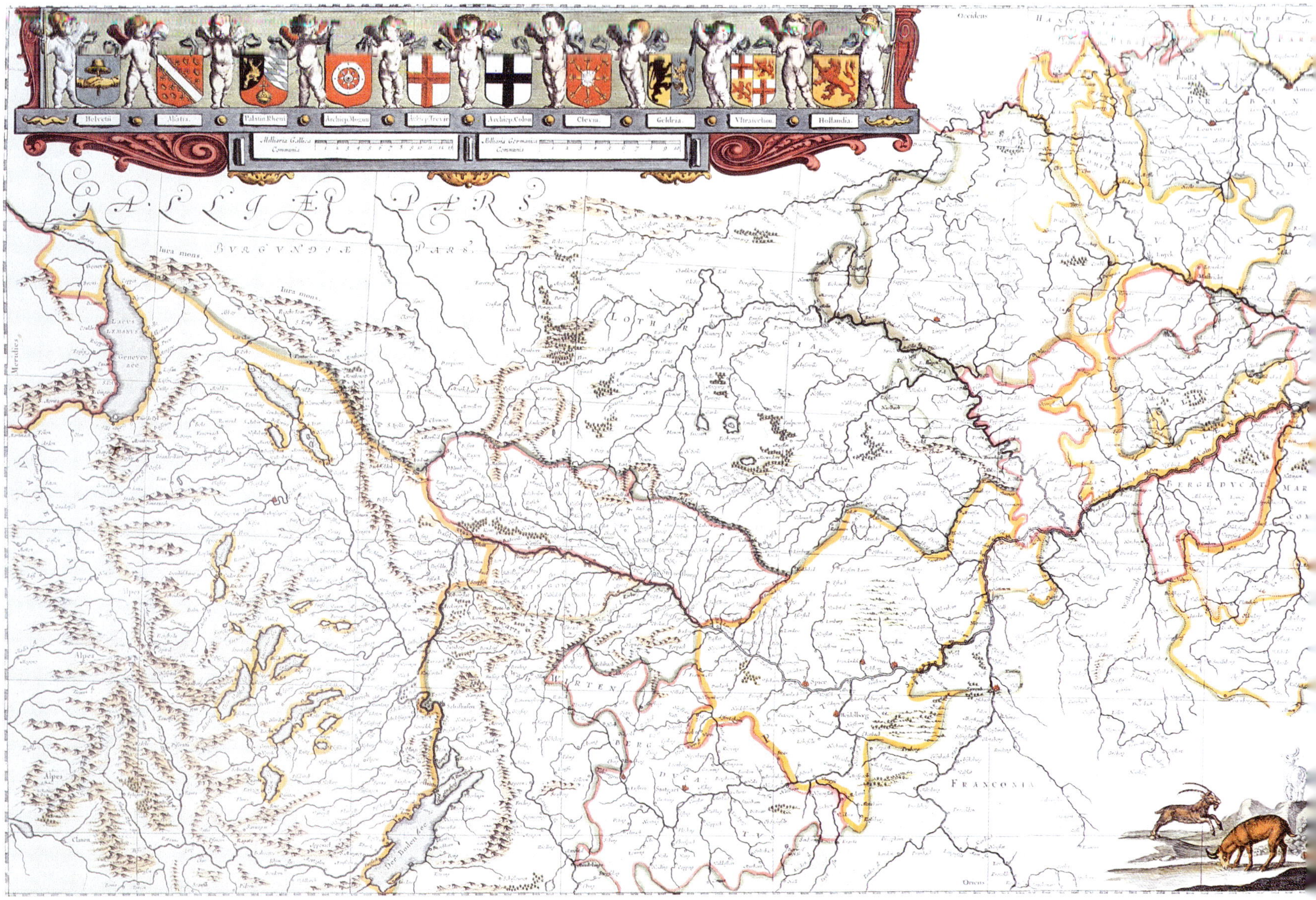
Helvetii
Alsatia.
Palatin. Rheni
Archiep. Mogun
Archiep. Trevir
Archiep. Colon
Clevia.
Geldria.
Vltraiectum.
Hollandia.
Milliaria Gallica Communia
Milliaria Germanica Communia
GALLIÆ PARS
BURGUNDIÆ PARS
FRANCONIA

Der Rhein – der «berühmteste Fluß Europas», wie die historische Beschriftung lautet – mit seinen Nebenflüssen, auf einer Landkarte des 17. Jahrhunderts (links oben; Kupferstich). – Kolorierte Radierungen von Johann Ziegler nach Laurenz Janscha, veröffentlicht 1798 in Wien in der Reihe «Fünfzig malerische Ansichten des Rheinstromes»: Ansicht der Stadt Andernach mit dem Rheinkran im Jahr 1554 (links unten); der 1380/1396 erbaute Königsstuhl bei Rhense, dem heutigen Rhens, im 14. Jahrhundert Versammlungsort der Kurfürsten (Mitte unten); das mühsame Treideln eines Rheinkahns vor der Ruine von Schloß Duerenberg (oben); die Orte Bornhofen und Salzig (Mitte); die Festung Rheinfels und Sankt Goar (unten).

«Sommernacht am Rhein» heißt dieses 1862 entstandene Gemälde des durch seine Schilderungen des rheinischen Volkslebens bekannt gewordenen Porträt- und Genremalers Christian Eduard Boettcher (1818–1889), das heute im Wallraf-Richartz-Museum in Köln zu sehen ist.

ließ auf ein heiteres Volk schließen, das keine Mühe schont, den köstlichen Saft zu erzielen. Jeder sonnige Hügel war benutzt, bald aber bewunderten wir schroffe Felsen am Strom, auf deren schmalen vorragenden Kanten, wie auf zufälligen Naturterrassen, der Weinstock zum allerbesten gedieh. [...]

Und so ging es mit gutem Glück und Mut immer weiter hinab bis zur Dämmerung, da wir uns denn aber in das mäandrische Flußgewinde, wie es sich gegen die Höhen von Montroyal herandrängt, verschlungen sahen. Nun überfiel uns die Nacht, bevor wir Trarbach erreichen oder auch nur gewahren konnten. Es ward stockfinster; eingeengt wußten wir uns zwischen mehr oder weniger steilem Ufer, als ein Sturm, bisher schon ruckweise verkündigt, gewaltsam anhaltend hereinbrach; bald schwoll der Strom im Gegenwinde, bald wechselten abprallende Windstöße niederstürzend mit wütendem Sausen; eine Welle nach der andern schlug über den Kahn, wir fühlten uns durchnäßt. Der Schiffmeister barg nicht seine Verlegenheit; die Not schien immer größer, je länger sie dauerte, und der Drang war aufs höchste gestiegen, als der wackere Mann versicherte, er wisse weder, wo er sei, noch wohin er steuern solle.

Unser Begleiter verstummte, ich war still in mir gefaßt, wir schwebten in der tiefsten Finsternis, nur manchmal wollte mir scheinen, daß Massen über mir doch noch etwas dunkler als der verfinsterte Himmel sich dem Auge bemerklich machten; dies gewährte jedoch wenig Trost und Hoffnung; zwischen Land und Fels eingeschlossen zu sein, drang sich immer ängstlicher auf. Und so wurden wir im Stockfinstern lange hin und her geworfen, bis sich endlich in der Ferne ein Licht und damit auch Hoffnung auftat. Nun ward nach Möglichkeit drauflos gesteuert und gerudert, wobei sich Paul nach Kräften tätig erwies. Endlich stiegen wir in Trarbach glücklich ans Land, wo man uns in einem leidlichen Gasthofe Henne mit Reis alsobald anbot.

Johann Wolfgang von Goethe, 1792

Fahrt auf dem Rhein

Doch der schönste Landstrich von Deutschland, an welchem unser großer Gärtner sichtbar con amore gearbeitet hat, sind die Ufer des Rheins von Mainz bis Koblenz, die wir auf dem Strome selbst bereist haben.

Ach, Wilhelmine, das ist eine Gegend wie ein Dichtertraum, und die üppigste Phantasie kann nichts schöneres erdenken, als dieses Tal, das sich bald öffnet, bald schließt, bald blüht, bald öde ist, bald lacht, bald schreckt. Pfeilschnell strömt der Rhein heran von Mainz und gradaus, als hätte er sein Ziel schon im Auge, als sollte ihn nichts abhalten, es zu erreichen, als wollte er es ungeduldig auf dem kürzesten Wege ereilen. Aber ein Rebenhügel (der Rheingau) tritt ihm in den Weg und beugt seinen stürmischen Lauf, sanft aber mit festem Sinn, wie eine Gattin den stürmischen Willen ihres Mannes, und zeigt ihm mit stiller Standhaftigkeit den Weg, der ihn ins Meer führen wird – und er ehrt die edle Warnung und gibt, der freundlichen Weisung folgend, sein voreiliges Ziel auf, und durchbricht den Rebenhügel nicht, sondern umgeht ihn, mit beruhigtem Laufe dankbar seine blumigen Füße ihm küssend. –

Aber still und breit und majestätisch strömt er bei Bingen heran, und sicher, wie ein Held zum Siege, und langsam, als ob er seine Bahn wohl vollenden würde – und ein Gebirge (der Hunsrück) wirft sich ihm in den Weg, wie die Verleumdung der unbescholtenen Tugend. Er aber durchbricht es und wankt nicht, und die Felsen weichen ihm aus und blicken mit Bewunderung und Erstaunen auf ihn hinab – doch er eilt verächtlich bei ihnen vorüber, aber ohne zu frohlocken, und die einzige Rache, die er sich erlaubt, ist diese, ihnen in seinem klaren Spiegel ihr schwarzes Bild zu zeigen.

Heinrich von Kleist, 1801

Ein Ort der Poesie

Worms in seinen Weingärten bot uns den Dom, dessen vier runde Türme gedrungen aufsteigen. Das Werk ist byzantisch oder, da dieses Wort in Verruf zu kommen scheint, vorgotisch und macht durch seine derben Konstruktionen einen kompakten Eindruck.

Hinter dem Chor soll Siegfried begraben sein, natürlich nur fabelhafterweise; indessen ist es angenehm, wenn sich das Poetischmögliche so nach Ort und Stelle verwirklicht. Der Glöckner blieb aber in allgemeinen Reden hangen, und es kam keine ordentliche Deutung heraus. Das Gebäude ist ganz leer.

Als der Glöckner nach Gemälden und sonstigen Bildwerken befragt ward, sagte er: «Das haben die Franzosen zerstört.» So lautet vom Orleansschen Kriege her die Klage hier, in der Pfalz, den Rhein hinabwärts bis zur Ahr, überall, wo man eine Ruine oder eine ausgeleerte Stätte sieht.

Ich stieg zu dem Absatze des einen Turms empor und sah nun die herrliche Ebene der Nibelungen vor mir ausgebreitet. Sanfte Hügelzüge teilen die Fläche in mäßige Quartiere ab; der Rhein schlendert in Bogenkrümmungen daran her. In der Ferne begrenzen die Aussicht Taunus und Odenwald, rechts Donnersberg, Vogesen und Haardtgebirge. Kehrt man in die Nähe zurück, so versteckt sich mehr, als daß er sich aufdrängte, ein blasser grauer Werder im Rhein. Das ist der Rosengarten.

Die beiden größten Epen der Welt spiegeln in räumigen gebirgsumgrenzten Flächen. Man fühlt es, nur ein solches Terrain mit seiner ruhigen Mannigfaltigkeit ist der Boden jener Gattung. Da gedeiht das Heldengedicht, wie in einer Felsgegend die Sage sich anekdotenhaft verdichtet oder zersplittert.

Ein Ruesdaelscher weißblauer Himmel lag segnend über der Bergstraße, die von allen Geistern der Fruchtbarkeit strotzte. Man glaubt es nicht, daß die Erde so viel tragen könne. Reben, so weit man sieht, dazwischen Obstbaum an Obstbaum und alle Feldfrüchte, Tabak, Hanf, Mais. Dazu der schöne einfache Gegensatz, links die sanften lieben Hügel, beherrscht vom Melibokus, rechts die goldene Fläche im sanft vermittelnden Abendlicht!

Karl Immermann, 1833

Der Rochusberg

Warst du schon auf dem Rochusberg? – Er hat in der Ferne etwas sehr Anlockendes, wie soll ich es dir beschreiben? – So, als wenn man ihn gern befühlen, streicheln möchte, so glatt und samtartig. Wenn die Kapelle auf der Höhe von der Abendsonne beleuchtet ist, und man sieht in die reichen, grünen, runden Täler, die sich wieder so fest aneinander schließen, so scheint er sehnsüchtig an das Ufer des Rheines gelagert mit seinem sanften Anschmiegen an die Gegend und mit den geglätteten Furchen die ganze Natur zur Lust erwecken zu wollen. Er ist mir der liebste Platz im Rheingau; er liegt eine Stunde von unserer Wohnung; ich habe ihn schon morgens und abends, im Nebel, Regen und Sonnenschein gesehen. Die Kapelle ist erst seit ein paar Jahren zerstört. Das halbe Dach ist herunter, nur die Rippen eines Schiffsgewölbes stehen noch, in welches Weihen ein großes Nest gebaut haben, die mit ihren Jungen ewig aus- und einfliegen, ein wildes Geschrei halten, das sehr an die Wassergegend gemahnt. – Der Hauptaltar steht noch zur Hälfte, auf demselben ein hohes Kreuz, an welches unten der heruntergestürzte Christusleib festgebunden ist. Ich kletterte an dem Altar hinauf; um den Trümmern noch eine letzte Ehre anzutun, wollte ich einen großen Blumenstrauß, den ich unterwegs gesammelt hatte, zwischen eine Spalte des Kopfes stecken; zu meinem größten Schrecken fiel mir der Kopf vor die Füße, die Weihen und Spatzen und alles, was da genistet hatte, flog durch das Gepolter auf, und die stille Einsamkeit des Orts war Minuten lang aufgestört. Durch die Öffnungen der Türen schauen die entferntesten Gebirge; auf der einen Seite der Altkönig, auf der andern der ganze Hunsrück bis Kreuznach, vom Donnersberg begrenzt; rückwärts kannst du soviel Land übersehen als du Lust hast. Wie ein breites Feiergewand zieht es den Rhein schleppend hinter sich her, den du vor der Kapelle mit allen grünen Inseln wie mit Smaragden geschmückt liegen siehst; der Rüdesheimer Berg, der Scharlach- und Johannisberg, und wie all das edle Gefels heißt, wo der beste Wein wächst, liegen von verschiedenen Seiten und fangen die heißen Sonnenstrahlen wie blitzende Juwelen auf; man kann da alle Wirkungen der Natur in die Kraft des Weines deutlich erkennen, wie sich die Nebel zu Ballen wälzen und sich an den Bergwänden herabsenken, wie das Erdreich sie gierig schluckt, und wie die heißen Winde drüber herstreifen. Es ist nichts schöner, als wenn das Abendrot über einen solchen benebelten Weinberg fällt; da ist's, als ob der Herr selbst die alte Schöpfung wieder angefrischt habe, ja, als ob der Weinberg vom eigenen Geist benebelt sei.

Bettine von Arnim, 1835

Vergnügungsreise im Biedermeier

Eine Rheinreise zu schildern, ist heute so überflüssig, wie wenn einer erzählen wollte, er habe ein Gedicht verfaßt. Jeder gebildete Mensch macht jetzt beides. Auch ist das Wort Rhein in Deutschland so bekannt und angesehen wie das Wort Nachtigall. Man himmelt in beiden. Rhein heißt soviel wie: schöne Gegend. Wenn Engländer oder Franzosen eine Vergnügungsreise nach Deutschland machen wollen, so verstehen sie unter Deutschland das Rheinland. [...]

Ein Garten ist hier aber wirklich.

Ich bin nur darüber hingeflogen wie ein Vogel und wollte in einem langen Blicke den Farbenzauber des Rheins genießen. Es regnete fein und durchsichtig, als wir am linken Ufer hinauffuhren, um den Rheingau zu sehen. Von Mainz bis Rüdesheim liegt nämlich dieses Herzblatt des Rheins. Man fährt auf der linken Seite, um ihn wie das verheißene Land aus der Ferne sonnenbedeckt zu sehen. Wie unter einem Silberschleier lag drüben das rechte Ufer mit seinen dicht folgenden Ortschaften und Weinbergen. Rasch fuhr uns der Mainzer Kutscher dorthin, alte berühmte Namen nennend, mit der Peitsche auf das vor uns liegende Ingelheim deutend. Dort ist Karl der Große geboren worden, hier hat er später seinen großen Palast erbaut, ein *palatium*, eine Pfalz. Dieser Rheinstrich ist eine Bildergalerie der deutschen Geschichte.

Am Fuße der Rochuskapelle, die auf einem samtgrünen Berge allen guten Christen Absolution winkt, hielten wir still. Rüdesheim liegt gegenüber. Die Welle des Rheins

Staatsmänner, die die europäische Politik des frühen 19. Jahrhunderts prägten.

Links: Karl Reichsfreiherr vom und zum Stein (1757–1831) aus Nassau an der Lahn ging vor allem durch seine Reformen als Minister in Preußen in die Geschichte ein.

Rechts: Klemens Lothar Fürst von Metternich (1773–1859) aus Koblenz wirkte als «Kutscher Europas» beim Wiener Kongreß 1815 führend an der politischen Neuordnung Europas mit.

schlug an unsere Räder, wir schifften uns ein. Grün wie ein dunkler Smaragd ist dieser Strom. Seine Farbe hat er gemein mit den südlichen Bergflüssen. Ein Schimmer der grünen Bergmatten seiner Kindheit bleibt ihm treu. Vielleicht darum, weil er in dieser Farbe so rein und lockend aussieht, haben sich so viele Wasserfeen auf seinem Grunde angesiedelt, von denen die farblosen, traurigen Flüsse des Nordens nichts wissen. [...]

Abwärts hinter Bingen scheint die Welt mit Bergen verstellt. Hier beginnt der Kampf des Rheins zwischen den Felsen hindurch, auf denen Schlösser hängen, wo die Nebel des Himmels geballt hindurchfegen und jenen Gebirgsduft spenden, der die Rheinbilder so zauberhaft und lockend macht. Rückwärts nach Mainz, den eigentlichen Rheingau hinauf, liegt eine üppige, schwellende Ebene am Ufer, und die sanften Berge treten bescheiden einige Schritte zurück. [...]

Wir kehrten mit Fritze zurück und fuhren in der schönsten Nachmittagssonne den Rheingau entlang. [...]

Diese Rheingaustraße von Rüdesheim nach Mainz, dieser Weg von einigen Meilen, ist eine fortlaufende Stadt, unsere Residenz des Weines. Die sieben oder acht einzelnen Städtchen, aus denen er besteht, haben nur immer ein Viertelstündchen Straße zwischen sich, damit man die Zunge wieder auf einen neuen Geschmack vorbereiten könne. Bekanntlich hat dies Zungenvergnügen des Weintrinkens, das im Norden Europas für ein dogmatisches Vergnügen gilt, das heißt für ein Vergnügen, das über jeden Zweifel erhaben ist, bekanntlich hat es auf den Universitäten einen ausgebildeten Kultus, der Komment heißt.

Er ist sehr kultiviert, und man muß sehr viel vertragen können, um sich in ihm auszuzeichnen. Drei seiner Priester, im gewöhnlichen Leben Studenten genannt, unternahmen einst eine Reise von Bonn nach Heidelberg. Sie waren sehr gute Fußgänger und erledigten des Tags mit Leichtigkeit acht Meilen. Es begegnete ihnen das Wunderbare, daß sie einen ganzen Sommer lang die scheinbar kleine Strecke bis Mainz nicht zurücklegen konnten. Man nennt dies den Bann des Rheingaues. Auch ich habe ihn empfunden, obwohl ich nicht aus dem Wagen gestiegen bin. Ich habe nicht begreifen können, wozu es hier Schuster und Schneider gibt, wo bloß Winzer, Böttcher und Kellner nötig sind.

HEINRICH LAUBE, 1837

Bizarres Bacharach

Ich befinde mich gegenwärtig in den schönsten, bravsten und unbekanntesten alten Städten der Welt. [...] Bacharach ist wohl die älteste Anhäufung menschlicher Behausungen, die ich je gesehen habe. Im Vergleich mit Bacharach sind Oberwesel, St. Goar und Andernach vornehm wie die Rue de Rivoli. Bacharach ist das alte *Bacchi Ara.* Es sieht aus, als hätte ein Riese, der sich einen Trödlerladen am Rhein einrichten wollte, ein Stück Gebirge als Regal benutzt und darauf von oben bis unten mit seinem Riesengeschmack einen Haufen ungeheurer Kuriositäten aufgebaut. Die erste befindet sich schon im Rhein. Dort liegt unter dem Wasser ein Stein, in dem manche einen vulkanischen Felsen, die anderen einen keltischen Menhir, wieder andere einen römischen Altar sehen, den man *Ara Bacchi* nennt. Dann am Flußufer zwei oder drei wurmstichige alte Schiffsrümpfe, die, halbiert und aufrecht in die Erde gesteckt, Fischern als Hütte dienen; hinter den Hütten eine einst mit Zinnen bewehrte Ringmauer, die von vier quadratischen Türmen gestützt wird, wie man sie sich zerlöcherter, zerschossener und baufälliger nicht denken kann. Jenseits der Mauer, in die von den dahinterliegenden Häusern Fenster und Gänge gebrochen sind, ein unbeschreibliches Durcheinander von seltsamen Gebäuden, das bis zum Fuße des Bergs reicht – wunderhübsche alte Häuser, abenteuerliche Türmchen, höckerige Fassaden, bizarre Giebel, die auf jeder Staffel ihrer doppelten Treppe ein Türmchen wie eine Spargelstange tragen, schwere Balken, die zarte Muster in den Häuserwänden bilden, verschnörkelte Dachböden, durchbrochene Balkone, philosophisch verräucherte Schornsteine, die eine Tiara oder eine Krone darstellen, und närrische Wetterfahnen, die keine Wetterfahnen, sondern in Metall geschnittene Initialen aus alten Manuskripten sind und im Winde knarren. (Einmal hatte ich ein R über meinem Kopfe, das sich die ganze Nacht hindurch selbst nannte: – *rrrr.*) Inmitten dieses herrlichen Durcheinanders liegt ein Platz – ein unregelmäßiger Platz wie aus zufällig vom Himmel gefallenen Häuserblocks, der mehr Buchten, Inselchen, Riffe und Vorgebirge hat als ein norwegischer Fjord. Auf der einen Seite dieses Platzes zwei vielflächige Körper aus gotischen Bauten, die sich vornübergeneigt, schief und grimassenschneidend dreist allen Regeln der Geometrie und des Gleichgewichts zum Trotz aufrecht halten. Auf der anderen Seite eine schöne und ungewöhnliche romanische Kirche mit einem rautenverzierten Portal und einem hoch ragenden befestigten Turm, die an der Apsis von einer Arkadengalerie aus schwarzen Marmorsäulchen umgeben und wie ein Juwelenkästchen überall mit Renaissance-Grabplatten ausgelegt ist. Oberhalb dieser romanischen Kirche und in halber Höhe des Berges die Ruine einer anderen Kirche aus dem fünfzehnten Jahrhundert, aus rotem Sandstein, ohne Türen, Dach und Fenster, ein prächtiges Gerippe, das sich stolz vom Himmel abhebt. Und schließlich als Krönung des Ganzen oben auf dem Berg die efeuumrankten Trümmer und ineinander verzahnten Mauern eines Schlosses, das im zwölften Jahrhundert Residenz der Pfalzgrafen war, Burg Stahleck. Dies alles ist Bacharach.

VICTOR HUGO, 1842

Über die Pfälzer Art

Die Pfälzer gehören zu den fleißigsten Landwirten Europas, ein gesegneter Boden begünstigt diesen Fleiß. Doch genügt dies nicht, die glänzenden Resultate der pfälzischen Wirtschaft zu erklären. Es kommt noch die fränkische glückliche Hand dazu, die Beweglichkeit, der Fortschrittstrieb, der Rationalismus des Franken. Der schwäbische Bauer ist vielleicht noch zäher in seinem Fleiße wie der Pfälzer, aber er ist nicht so flink, nicht so gewürfelt, er hat jenen schlagfertigen fränkischen Mutterwitz nicht, für welchen der Pfäl-

Gelehrte, Schriftsteller und Künstler in den Regionen von Rheinland-Pfalz.

Oben, von links nach rechts: Georg Forster (1754–1794); Natur- und Völkerkundler, der schon als 17jähriger mit James Cook auf Weltreise war. Als Anhänger der Französischen Revolution war er der Kopf der Mainzer Klubisten (s. S. 40). – Der Schriftsteller und Publizist Joseph Görres (1776–1848), seit 1814 Herausgeber des «Rheinischen Merkur», einer profilierten politischen Zeitung (Ausschnitt aus einem Gemälde von Joseph Anton Settegast, 1838). – Der Maler Anselm Feuerbach (1829–1880) auf einem um 1870 entstandenen Selbstporträt.

Mitte, von links nach rechts: Die Schriftstellerin Clara Viebig (1860–1952) aus Trier (Foto von 1903). – Elisabeth Langgässer (1899–1950) aus Alzey (Foto um 1945). – Anna Seghers (eigentlich Netty Radványi; 1900–1983) aus Mainz (Foto von 1947).

Unten, von links nach rechts: Der Dichter Stefan George (1868–1933) im Alter von 60 Jahren. – Carl Zuckmayer (1896–1977), «des Teufels schreibender General», im 65. Lebensjahr. – Stefan Andres (1906–1970) um das Jahr 1960.

Das Kolossaldenkmal Kaiser Wilhelms I. am Deutschen Eck bei Koblenz, Machtsymbol des wilhelminischen Kaiserreichs und zu Beginn dieses Jahrhunderts ein vielfach abgelichtetes, beliebtes Postkartenmotiv.

zer ein ganz eigenes Wort besitzt: er ist nicht so «schlitzöhrig». Wer so praktisch pfiffig ist, wie Einer, dem der Büttel schon einmal die Ohren geschlitzt hat, ist schlitzöhrig, ein «durchtriebener» Schlaukopf. Kraft dieser angestammten Lebensklugheit hat sich der Franke in der Pfalz, am Mittelrhein und Untermain den Boden dienstbar gemacht wie kein anderer deutscher Stamm. «Dem Pfälzer kalbt selbst der Ochs». Wenn sich die Pfalz überhaupt nach so vielen und furchtbaren Kriegsnöten immer so fabelhaft rasch wieder erholt hat, so liegt das gewiß nicht bloß in der Üppigkeit des Bodens, sondern mehr noch in der unvertilgbaren Frische, Raschheit und Schnellkraft der Bewohner. Denn auch in der Pfalz wachsen nur Dornen und Disteln von selber und nicht Brot und Wein.

Wilhelm Heinrich Riehl, 1857

Das Denkmal am Deutschen Eck

An der Mosel ging es noch an. Wir soffen uns langsam den Fluß hinab, wir fuhren mit dem Saufbähnchen von Trier nach Bullay hinunter, und auf jeder dritten Station stiegen wir aus und sahen nach, wie es mit dem Weine wäre. Es war. Wenn wir das festgestellt hatten, stiegen wir wieder ein: der Zug führte einen Waggon mit, der sah innen aus wie ein Salonwagen, von hier aus hätte man ganz bequem Krieg führen können, so mit einem Telefon auf dem Tisch, mit dicken Zigarren und: «Seiner Majestät ist soeben der Sturmangriff gemeldet worden.» Wir führten aber keinen Krieg, sondern drückten auf die Kellnerin, und dann erschien ein Klingelknopf, oder umgekehrt, und dann konnte man auf dem langen Tisch einen naturreinen Mosel trinken und dabei Würfel spielen. [...]

Bernkastel, Traben-Trarbach, Bullay... dann aber setzten wir uns in einen seriösen Zug und fuhren nach Koblenz. (Diese Aussprache wurde adoptiert, falls Jakopp ein künstliches Gebiß hätte: es spricht sich leichter aus.) In Koblenz tranken wir der Geographie halber einen Rheinwein, und der konnte Papa und Mama sagen, wir aber nicht mehr. Am nächsten Morgen – es war ein Sonntag hell und klar – gingen wir spazieren.

Ich kannte Koblenz nicht. [...]

Wir spazierten also am Rhein entlang, ich hatte wieder einmal meine Geographie nicht gelernt und ließ mir von Jakopp die Gegend erklären. Da war der Ehrenbreitstein;

auf dem brannte zum Gaudium aller Rheinkadetten eine französische Fahne – wirklich, die Fahne brannte hoch am Fahnenstock, verglomm, leuchtete wieder auf... mich interessiert Militär nicht, und ich weiß nicht, was sie da gekokelt haben. Es ist ja auch gleichgültig, so gleichgültig wie alles, was diese uniformierten Brüder tun. Und da war der Rhein, der kitschumrauschte, und, wie bei Goethe steht, da waren große Schiffe im Begriffe, auf diesem Flusse hier zu sein ... und plötzlich bekam ich den größten Schreck auf dieser Reise. Ich weiß es noch ganz genau:

Wir gingen auf der breiten, baumbestandenen Allee; vorn an der Ecke war eine Fotografenbude, sie hatten Bilder ausgestellt, die waren braun wie alte Daguerrotypien, dann standen da keine Bäume mehr, ein freier Platz, ich sah hoch ... und fiel beinah um.

Da stand – Tschingbumm! – ein riesiges Denkmal Kaiser Wilhelms des Ersten: ein Faustschlag aus Stein. Zunächst blieb einem der Atem weg.

Sah man näher hin, so entdeckte man, daß es ein herrliches, ein wilhelminisches, ein künstlerisches Kunstwerk war. Das Ding sah aus wie ein gigantischer Tortenaufsatz und repräsentierte jenes Deutschland, das am Kriege schuld gewesen ist – nun wollen wir sie dreschen! In Holland.

Zunächst ist an diesem Monstrum kein leerer Fleck zu entdecken. Es hat die Ornamenten-Masern.

Oben jener, auf einem Pferd, was: Pferd! auf einem Roß, was: Roß! auf einem riesigen Gefechtshengst wie aus einer Wagneroper, hoihotoho! Der alte Herr sitzt da und tut etwas, was er all seine Lebtage nicht getan hat: er dräut in die Lande, das Pferd dräut auch, und wenn ich mich recht erinnere, wallt irgend eine Frauensperson um ihn herum und beut ihm etwas dar. Aber da kann mich meine Erinnerung täuschen ... vielleicht gibt sie dem Riesen-Pferdchen nur ein Zuckerchen. Und Ornamente und sich bäumende Reptile und gewürgte Schlangen und Adler und Wappen und Schnörkel und erbrochene Lilien und was weiß ich ... es war ganz großartig. Ich schwieg erschüttert und sah Jakoppn an.

«Ja», sagte Jakopp, «das ist das Kaiser-Wilhelm-Denkmal am Deutschen Eck.»

Richtig: da floß noch ein zweiter Fluß in den ersten Fluß, und es war, wenn man von den Fabrikschornsteinen absah, eine hübsche Gegend, viel zu hübsch für dieses steinerne Geklump, für diesen Trumm, diesen Trubas von einem Denkmal. «Was ... wie ...» stammelte ich ergriffen.

Da hörte ich ein leises Stimmchen an meiner Linken, ein Knabe war mir unversehens genaht, er hatte wohl meine Ratlosigkeit bemerkt, und er sprach: «Soll ich Ihnen mal das Denkmal erklären –?» Rasches Erfassen der Kriegslage ziert den SA-Mann, und ich sprach: «Erkläre mir mal das Denkmal.» [...]

«Dieses Denkmal wurde gegründet im Jahre 1897; es stellt dar den berittenen Kaiser Wilhelm den Ersten, sowie auch eine Siegesgöttin benebst die besiegten Feinde. Die Siegesgöttin ist nach verlorenen Kriegen ein Friedensengel und hat eine Flügelbespannung von fünf Meter in der Breite. Das Denkmal wiegt fünf Millionen Kilogramm und hat einen Flächeninhalt von 1200 Quadratmetern, daher ist es ein großes Kunstwerk. Auf dem Grundsockel erhebt sich der Sockel, auf dem das Denkmal aufgebaut ist; auf diesem Sockel steht der richtige Sockel, und auf diesem der Untersockel, worauf sich der Denkmalssockel erhebt. Die Künstler, die an dem Denkmal schuld sind, heißen Schmitz und Hundrieser.

Der Spruch, der in das Denkmal eingelassen ist, besagt: ‹Nimmer wird das Reich zerstöret, wenn ihr einig seid und treu.› Die Köpfe der Seeschlangen bedeuten Deutschlands Feinde, der Granit der Söckel ist aus dem Schwarzwald. Die Mosel fließt hinter dem Denkmal, ihre Strömung ist hier besonders schnell, weil sie an dem Denkmal vorbei muß. Das Denkmal ist in der Regierungszeit Kaiser Wilhelms des Zweiten eröffnet worden und hat daher zwei Millionen Mark gekostet. Das ist das Denkmal am Deutschen Eck.» (Große Trinkgeldpause.)

Kurt Tucholsky, 1930

Ein Flußarm zweigte schon ab zum Floßhafen, aus dem frisch gefälltes, geschnittenes und geflößtes Holz nach Holland gebracht wurde. Die Stadt schien mir noch entfernt genug zu liegen, als könnte sie mich nie zum Aussteigen und Bleiben zwingen, obwohl mir ihr Floßhafen, die Platanenreihen und Warenspeicher am Ufer viel vertrauter waren als jegliche Einfahrt in fremde Städte, die mich zum Bleiben gezwungen haben. Ich erkannte nach und nach schon vertraute Straßenzüge und Dachfirste und Kirchtürme unversehrt und vertraut, gleich längst untergegangenen Orten in Märchen und Liedern. Der eine Tag Schulausflug schien mir alles zugleich entfernt und zurückgeschenkt zu haben. Als jetzt der Dampfer seinen Anlegebogen machte und Kinder und Strolche sich müßig zu unserer Ankunft drängten, schienen wir nicht nach dem Ausflug, sondern nach jahrelanger Reise heimzukehren. Kein Loch, kein Brandschaden hafteten dieser vertrauten winkligen, wimmligen Stadt an, so daß sich meine Beunruhigung legte und ich mich daheim fühlte.

Die Lotte verabschiedete sich zuerst, kaum waren die Seile ausgeworfen. Sie wollte zur Abendmesse in den Dom, der schon bis zur Schiffsbrücke läutete. Die Lotte endete später im Kloster auf der Rheininsel Nonnenwerth, von wo aus man sie mit einem Trupp Schwestern über die holländische Grenze schaffte, aber das Schicksal kam ihnen nach. – Die Klasse verabschiedete sich von den Lehrerinnen. Fräulein Sichel erinnerte mich noch einmal an den Schulaufsatz, ihre grauen Augen blinkten wie feingescheuerte Kieselsteine. Dann teilte sich unsere Klasse nach den verschiedenen Wohnrichtungen in einzelne Schwärme auf. [...]

Ich trottete mit ein paar Schülerinnen Richtung Christhofstraße. Zuerst war mir bang. Wie wir vom Rhein her in die Innenstadt einbogen, da legte sich's hart auf mein Herz, als ob mir etwas Unsinniges, etwas Böses bevorstünde, vielleicht eine heillose Nachricht oder ein Unheil, das ich über dem sonnigen Ausflug leichtfertig vergessen hatte. Dann verstand ich klar, die Christhofskirche konnte unmöglich bei einem nächtlichen Fliegerangriff zerstört worden sein, denn wir hörten ihr Abendläuten. Ich hatte mich überhaupt umsonst gegraut, auf diesem Weg heimzugehen, weil sich mir im Gedächtnis festgehakt hatte, dieser mittlere Stadtstreifen sei völlig von Bomben zerstört. [...]

Doch die Häuser, die Treppen, der Brunnen standen wie immer. Auch Brauns Tapetengeschäft, das mit der Familie in diesem Krieg verbrannt sein sollte, nachdem ihm im ersten Krieg durch ein Fliegerabwehrgeschoß nur die Schaufenster zertrümmert worden waren, zeigte die geblümten und gestreiften Tapetenauslagen, so daß die Marie Braun, die zuletzt neben mir gegangen war, rasch in das Geschäft ihres Vaters ging. Die nächste unter uns Heimkehrerinnen, Katharina, lief zu ihrer winzig kleinen Schwester Toni, die unter den Platanen auf einer steinernen Stufe vor dem Brunnen spielte. [...]

Die Läden waren gerade geschlossen worden. Ich lief durch die Flachsmarktstraße, durch ein Gewimmel heimkehrender Menschen. Sie freuten sich, daß der Tag zu Ende war und eine geruhsame Nacht bevorstand. Wie ihre Häuser noch unversehrt waren von Geschossen, von der ersten großen Probe 1914 bis 1918 sowie von den jüngsten Haupttreffern, so waren auch ihre behaglichen, durch und durch vertrauten, mageren und dicklichen, schnurr- und vollbärtigen, warzigen und glatten Gesichter unversehrt von Schuld, von Zusehen und Dulden dieser Schuld aus Feigheit, aus Angst vor der Macht des Staates. Dabei sollten sie doch bald genug bekommen an aufgeblähter Staatsmacht, an großspurigen Befehlen.

Oder hatten sie gar Geschmack daran gefunden, dieser Bäcker mit dem gezwirbelten Schnurrbart und dem runden Bäuchlein, Ecke Flachsmarkt, wo wir immer den Streuselkuchen kauften, oder der Trambahnschaffner, der eben an uns vorbeibimmelte? Oder hatte der Friede dieses Abends mit den hastigen Schritten der Heimkehrenden, mit Glockengeläut, mit Feierabendtuten entlegener Fabriken, die bescheidene Behaglichkeit des alltäglichen Werktags, die ich jetzt wie ein Labsal genoß, für alle die Kinder etwas Widriges an sich, so daß sie bald die Kriegsberichte ihrer Väter begierig einsogen, sich aus dem bemehlten oder bestaubten Arbeitskittel in Uniformen hineinsehnten?

Der Maler Max Slevogt (1868–1932), dessen Werke heute weltberühmt sind, verbrachte seine letzten 20 Lebensjahre in Neukastel, einem Hof in der Nähe von Landau. Sein Gemälde «Landschaft Neukastel mit Stilleben auf der Terrasse» stammt aus dem Jahr 1924 (Öl auf Holz, 54 x 66 cm, Bayerische Staatsgemäldesammlung München).

Ich hatte wieder einen Anflug von Angst, in meine eigene Straße zu biegen, als ob ich ahnen würde, daß sie zerstört war. Die Ahnung verflog bald. Denn schon in der letzten Strecke der Bauhofstraße konnte ich wie immer meinen Lieblingsweg heimgehen, unter den beiden großen Eschen, die sich von der rechten und linken Seite der Straße wie ein Triumphbogen spannten, sich gegenseitig berührend, unzerstört, unzerstörbar. Ich sah auch schon die weißen, roten und blauen Kreisrunde von Blumenbeeten aus Geranien und Begonien in dem Rasen, die meine Straße durchkreuzten. Wie ich hinzutrat, wehte ein Abendwind, wie ich so stark noch keinen auf meinen Schläfen gespürt hatte, aus den Rotdornbäumen eine Wolke von Blättern, die mir zuerst von der Sonne beglänzt schienen, in Wirklichkeit aber sonnenrot gefärbt waren. Es war mir wie immer nach Tagesausflügen zumute, als hätte ich schon geraume Zeit nicht mehr das Sausen des Windes vom Rhein her, in meiner eigenen Straße eingefangen, angehört. Ich war durch und durch müde, so daß ich froh war, endlich vor dem Hause zu stehen. Nur kam es mir unerträglich schwer vor, die Treppe hinaufzusteigen. Ich sah bis zum zweiten Stock hinauf, in dem unsere Wohnung lag. Meine Mutter stand schon auf der kleinen, mit Geranienkästen verzierten Veranda über der Straße. Sie wartete schon auf mich. Wie jung sie doch aussah, die Mutter, viel jünger als ich. Wie dunkel ihr glattes Haar war, mit meinem verglichen. Meins wurde ja schon bald grau, während durch ihres noch keine sichtbaren grauen Strähnen liefen. Sie stand vergnügt und aufrecht da, bestimmt zu arbeitsreichem Familienleben, mit den gewöhnlichen Freuden und Lasten das Alltags, nicht zu einem qualvollen, grausamen Ende in einem abgelegenen Dorf, wohin sie von Hitler verbannt

worden war. Jetzt erkannte sie mich und winkte, als sei ich verreist gewesen. So lachte und winkte sie immer nach Ausflügen. Ich lief so schnell ich nur konnte ins Treppenhaus.

ANNA SEGHERS, 1943/1944

Links oben: Die Brückenhäuser auf der alten Nahebrücke in Bad Kreuznach; im Hintergrund die Pauluskirche aus dem späten 15. Jahrhundert.

Links unten: Die Russische Kirche in Bad Ems an der Lahn, das im 19. Jahrhundert zum Modebad avancierte, in dem sich Kaiser und Zar als Kurgäste einfanden.

Kindheit an der Mosel

Es war kurze Zeit danach, als ich auf mein inständiges Bitten hin endlich zum erstenmal in die Kirche und das hieß zugleich: ins Dorf, über den Berg, an die Mosel mitfahren durfte. Katharina hatte mir zu diesem großen Sonntag ein Paar kurze Höschen gemacht und ein Jäckchen mit Schößen, die mir viel zu lang schienen, weil sie die Hosen fast verdeckten. [...]

Der Neumagener Pitter schwang sich auf den Bock und knallte mit der Peitsche, Vater und Mutter stiegen in die Chaise und nahmen mich zwischen sich, die übrigen Geschwister kamen zu Fuß hinterdrein. Eine Hand hatte ich auf das Knie des Vaters, die andere auf das der Mutter gelegt. Und ich tat nichts als mit weitaufgerissenen Augen geradeaus zu schauen. Sogar den Weg bis zum Kirschbäumchen schaute ich an, als hätte ich ihn noch nie gesehen. Als wir an dem Kirschbäumchen vorüberfuhren, sah ich auf die andere Seite. Ich schämte mich ein bißchen in meinem Glück, weil es nicht mitkommen konnte. Dabei überlegte ich nicht genau, ob es denn überhaupt möglich oder auch für ein Bäumchen ratsam wär, in der Chaise nach Leiwen in die Kirche zu fahren. Ich empfand nur, ohne es in Worte zu fassen: das Bäumchen war mein Freund, es stand immer auf derselben Stelle, und ich fuhr an ihm vorüber.

An der Grenze, wo ich den Weg nicht mehr kannte, wurde ich stumm und taub und hörte nicht mehr auf die Fragen meiner Mutter. Die Buchen warfen ein grünes Licht über uns, die Fichten standen still und dufteten. Die Chaise klapperte, und der Neumagener Pitter knallte mit der Peitsche.

Mitte: Das Kurhaus von Bad Bertrich in der Eifel. Es wurde in den Jahren 1786/87 von dem zu dieser Zeit berühmten Architekten Andreas Gaertner dem Jüngeren erbaut.

Rechts: Das Kurmittelhaus in Bad Münster am Stein-Ebernburg, ein mit Jugendstilelementen gestalteter Fachwerkbau aus dem Beginn des 20. Jahrhunderts. Im Hintergrund der Rheingrafenstein am gegenüberliegenden Naheufer.

Nun kamen wir auf die Höhe, wo der Weg aus dem kleinen Tal der Dhron in das große Moseltal hinüberläuft. Ich fühlte, wie mein Blick, der drunten am Bach immer gegen den Berg anstieß, in die Ferne fliegen konnte, weiter und noch weiter.

«Dat is de Mosel», sagte Vater, und sein langer Finger wies in die Tiefe vor uns.

Was mir bis dahin nur aus den Worten der andern bekannt war, nun sah ich es. Der grünglänzende und gewundene Wasserlauf, das Flußtal, die Weinberge, die blauen Höhen der Eifel – alles war nun zu mir gekommen, so wie ich zu ihm. Während ich schaute, fühlte ich mich angeschaut vom Fluß und von den Bergen. Und mir war, als hätten sie auf mich ebenso gewartet wie ich auf sie. Eine große Freude schaukelte mich, das Schütteln der alten Chaise hatte nun etwas mit dieser Freude zu tun, mit dieser stillen Lust der Augen, so hoch oben im Licht zu fahren.

«Da», sagte der Vater, «jetzt siehste den Berg Kron besser. Hier oben hat de Kaiser Konstantin sein Haus gehabt. Hier oben is ihm de Herrgott erschienen un hat ihm gesagt, dat er Christ werden müßt.»

Ich nickte nur – wer der Kaiser Konstantin war, wußte ich nicht; aber daß ihm der Herrgott hier oben erschienen war, das konnte man diesem Berg über dem Fluß ansehen.

«Da unten is Trittenheim», sagte der Vater und zeigte auf die Häuser hinab, die jenseits der Mosel in der Sonne lagen und mit ihren dunklen Schieferdächern wie ein gewürfeltes Tischtuch aussahen.

«Un dat Haus mit dem Turm is de Kirch.»

«Wat is dat – en Turm?»

«En Turm? – Dat is en Turm, wo die Glocken drin sein un die Uhr. Wart, in Leiwen zeig ich dir en Kirchturm.»

«Un was is dat?» Ich zeigte auf die kleinen Bäumchen, die von oben bis unten Blätter hatten und alle an einen Stab gebunden waren.

«Dat is en Wingert. An den Weinstöcken wachsen die Trauben, un aus denen macht man den Wein.»

Ich wollte die Trauben sehen und gab nicht Ruhe, bis wir hielten und einen Weinstock sorgfältig betrachtet hatten. Vater pflückte mir sogar eine einzige Beere, das dürft man wohl, so sagte er, um einem kleinen Jungen zu zeigen, was eine Traube wär. [...]

Als wir nach Leiwen kamen und durch das Dorf fuhren, machte die Zahl der Häuser einen tiefen Eindruck auf mich. Die Häuser Trittenheims, die ich nur von oben und aus der Ferne gesehen hatte, waren mir wie Spielzeugklötzchen erschienen. Die Straßen waren gekehrt, und die Leiterwagen standen neben den Misthaufen vor den Häusern. Die Stalltüren und die Tore der Scheunen waren alle geschlossen, und überall gingen schwarzgekleidete Menschen.

STEFAN ANDRES, 1953

Heimat Rheinhessen

Diese Gegend zeigt in ihrer starken, besonnten Fruchtbarkeit ein äußerst einfaches, nüchternes Gepräge. Die Rebstöcke stehen ordentlich und brav, die Obstbäume in Reihen gegliedert, alles Land ist Nutzland, und nur der rötliche Hautglanz der Erde verrät etwas von ihrem heimlichen Heißblut, von ihrem gezügelten Temperament. Rot ist die Grundfarbe des Bodens, besonders in der Gegend meines Geburtsorts Nackenheim. Rot ist in vielen Schichten und Stufen über die Rebhügel, Felder und Wege versprengt: das stumpfe Hellrot zerbröckelter Ziegelsteine, das fleckige Rotbraun von verrosteten Radreifen, das satte volle Geleucht von den Brustfedern des Blutfinken, das verwaschene Karmin eines föhnischen Abendhimmels, all das mischt sich im Staub und in der Feuchte des wurzelkräftigen Lehms und wird im Herbst von der Verfärbung des Weinlaubs und der Baumblätter überfunkelt. Bescheidene Haufendörfer, manche mit einer hübschen alten Kirche und ein paar Fachwerkhäusern, die meisten aus schlichtem, graugelbem Backstein gebaut, ins Gefäll der Wingerte eingeschmiegt, an der Rheinstrecke zwischen Mainz und Worms; das weithin schwingende, wellige oder bucklige Ackerland um den «Donnersberg», der auch nur ein Hügel ist, und nach dem Kreisstädtchen Alzey hinüber; das flache Gelände der Obstkulturen, wie sichs linksrheinisch von der Flußbiegung bei Mainz bis fast zur Nahemündung erstreckt – auch Ingelheim mit seiner karolingischen Kaiserpfalz, und das lustige Rochuskapellchen über den Schieferdächern von Bingen – die sandigen Spargelfelder, die gleichmäßige Breite des hier nur von ein paar Werthen durchinselten Stroms – die geschäftigen Städte, denen trotz ihrer uralten Geschichte und ihrer Bauwerke nichts Museales, keine Touristenlockung anhängt: in welcher anderen Landschaft tut eine reich besiedelte, üppig treibende Natur ihr Bild so still und behutsam dar? Die Phantasie kann es mit Römerheeren bevölkern, mit keltischen und fränkischen Stammeshorden, mit Heiden und Heiligen, mit mittelalterlichen Kaiserzügen, mit barockem Kurfürstenprunk, mit marodierenden Schweden und Kosaken, mit französischen Raub-, Revolutions- und Besatzungstruppen, mit allen Gestalten und aller Wirrsal zweitausendjähriger Historie. Das Gesicht der Landschaft bleibt gelassen und anspruchslos.

Geburtsheimat ist keine Gefühlsfiktion, kein Gedankenschema. Sie ist ein Gesetz. Sie bedeutet Bestimmung und Vorbestimmung, sie prägt Wachstum und Sprache, Blick und Gehör, sie beseelt die Sinne und öffnet sie dem Wehen des Geistes wie einem keimträchtigen Wind. An einem Strom geboren zu werden, im Bannkreis eines großen Flusses aufzuwachsen, ist ein besonderes Geschenk. Es sind die Ströme, die die Länder tragen und die Erde im Gleichgewicht halten, da sie die Meere miteinander verbinden und die Kommunikation der Weltteile herstellen. Im Stromland ist es, im Schwemmland, in den dunstgesättigten Auen fruchtbarer Ufer, wo die Völker sich ansiedeln, wo ihre Städte und Märkte, Tempel und Kirchen erstehn, wo ihre Handelswege und ihre Sprachen sich begegnen. Im Strome sein, heißt, in der Fülle des Lebens stehn.

CARL ZUCKMAYER, 1966

Der Marktplatz von Cochem mit seinen Fachwerkhäusern, dem barocken Rathaus, dem Martinsbrunnen und dem Turm der Sankt Martinskirche. Trotz der starken Zerstörungen, denen die Stadt im letzten Weltkrieg ausgesetzt war, ist Cochem heute der bedeutendste Fremdenverkehrsort an der Mosel.

Nächste Doppelseite: Von der linken Moselseite aus hat man einen schönen Blick auf den Ort Alken. Über seinen Weinbergen erhebt sich die Burg Thurandt, die Pfalzgraf Heinrich um 1200 erbauen ließ. Später geboten trierische und kölnische Erzbischöfe gemeinsam über die Burg, die daher zwei Tore, eine hohe Trennmauer und – als einzige Burg an der Mosel – zwei Türme, einen Kölner und einen Trierer Turm, besitzt.

ALKEN

Inbegriff deutscher Burgenromantik: die Burg Eltz über dem Eltzbachtal bei Moselkern. Die bauliche Verschachtelung der Anlage mit ihren zahllosen Türmen und Türmchen, Steildächern und Erkern geht auf das Wirken dreier Linien der Familie von Eltz zurück, die die im 12. Jahrhundert erstmals urkundlich erwähnte Burg gemeinsam bewohnten. Die ursprüngliche Burganlage wurde zu mehreren separaten Wohneinheiten umgestaltet, von denen jede einzelne eine kleine Burg für sich bildet.

Ebenso eigenwillig wie die äußere Gestalt ist die Innenausstattung der Burg Eltz. Bei einem Rundgang durch die sechs Einzelhäuser beeindrukken die luxuriös ausgestatteten Gemächer mit ihren bemalten Wänden, dem prunkvollen Mobiliar, Teppichen und Gobelins, offenen Kaminen und Butzenscheibenfenstern.

Zu den schönsten Räumen gehört das mit einem Blüten- und Rankendekor ausgemalte Schlafgemach im Rübenacher Haus (rechts) und das daran anschließende neugotische Schreibzimmer (links).

Auf den Freiterrassen der Burg Eltz kann man sich mit schönem Blick über die dichten Wälder des Eltzbachtals nach der Besichtigung der ausgedehnten Anlage ausruhen und mit einem kleinen Imbiß stärken.

Nächste Doppelseite: Mit der berühmten «Schwarzen Katz», einem aus 16 Einzellagen bestehenden Weinanbaugebiet, ist Zell eine der größten Weinbaugemeinden an der Mosel.

Die Weinlese, wie hier bei Ürzig an der Mosel, ist keine leichte Aufgabe für die Winzer, die die Trauben aus den meisten Lagen in den traditionellen «Traubenhotten» von den Hängen hinunter tragen müssen ...

... Der Moselwein ist im allgemeinen ein leichter, fruchtiger und spritziger Wein, dessen lichtgrüne, von gelblich bis golden schimmernde Farbe sich schon während der Ernte erahnen läßt.

Die Traubenernte ist wegen der Aufteilung der Weinberge in viele kleine Parzellen an den steilen Hängen oft recht mühsam, wie etwa hier in Enkirch (Mittelmosel).

Heute liefert das Anbaugebiet Mosel-Saar-Ruwer mit seiner Ausdehnung von knapp 13 000 Hektar an die 140 Millionen Liter Wein pro Jahr. Auf den steilen Lagen wachsen hier die besten Rieslingweine der Welt, zarte Weine mit einer pikanten Säure. In Enkirch.

Symbole bürgerlichen Selbstbewußtseins am Hauptmarkt von Trier: Das festungsturmähnliche Gebäude der Steipe (rechts), um 1430 als Fest- und Empfangshaus der Trierer Ratsherren erbaut, und das Rote Haus mit dem Volutengiebel aus dem Jahr 1684 (Mitte), nach dessen Inschrift die Stadt schon 1300 Jahre vor Rom, also etwa 2500 v. Chr., gegründet worden sein soll.

Das Moseldorf Ediger, seit der Gebietsreform mit dem benachbarten Eller verbunden, kann mit einer stattlichen Anzahl restaurierter Fachwerkhäuser aufwarten. Zu den hübschesten gehört dieses 1623 erbaute Gebäude an der Pelzerstraße 1, in dem heute das Verkehrsamt untergebracht ist.

Die Porta Nigra in Trier – das Schwarze Tor, eine markante Erinnerung an das Römische Weltreich, blieb als einziges von vier Toren der antiken Stadt erhalten. Der Name stammt aus dem Mittelalter; er verweist auf die schwarze Verfärbung der ursprünglich hellen Sandsteinblöcke. Durch die Umgestaltung zu einer Doppelkirche im 11. Jahrhundert wurde das römische Bauwerk vor dem Abbruch im christlichen Mittelalter bewahrt.

Innenraum der gewaltigen Römischen Basilika in Trier, der einstigen Palastaula Kaiser Konstantins, die als Teil seiner Palastbauten zu Beginn des 4. Jahrhunderts n. Chr. errichtet wurde. Im Lauf der Geschichte diente das Bauwerk etwa als Residenz der Erzbischöfe, als Kriegslazarett und Kaserne; im 19. Jahrhundert wurde es durch Friedrich Wilhelm IV. von Preußen in eine evangelische Pfarrkirche umgewandelt.

Reste der Kaiserthermen am Ende des Palastgartens in Trier, von Konstantin Anfang des 4. Jahrhunderts nach den Barbarathermen als zweite Bäderanlage errichtet. Angelegt wurden Warm- und Kaltwasserbäder, Heißluftanlagen, Reinigungs- und Schwitzräume sowie ein Ringkampfplatz. Da Konstantin Trier jedoch vor der Fertigstellung verließ, wurden die Thermen nie in Betrieb genommen.

Nächste Doppelseite: Blick in das Mittelschiff und den Ostchor des Trierer Domes Sankt Peter. Gleich einem Hochaltar erfüllt die prachtvolle Marmorfassade der barocken Heiltumskammer die Apsis des Ostchors. Sie enthält die berühmten Trierer Reliquien («Heiltümer»); durch ein Fenster läßt sich der Heilige Rock, das Leibgewand Christi, betrachten.

Romantische Hochzeitsbilder vor der Kulisse des Trierer Kurfürstlichen Schlosses sind sehr beliebt – trotz oder wegen der merkwürdigen Disharmonie zwischen der verspielten Fassade des Rokokopalais und der klobigen Schlichtheit der Palastaula.

Helmut Mathy

Städte und Landschaften, Geschichte und Kultur

Allgemeine Informationen

Bevölkerung und landschaftliche Gliederung. Rheinland-Pfalz umfaßt eine Fläche von knapp 20 000 Quadratkilometern und dehnt sich in Nord-Süd-Richtung 210 und vom Westen nach Osten 150 Kilometer aus. Hier leben etwa 4 Millionen Menschen, davon sind ungefähr 21 Prozent jünger als 20, mehr als die Hälfte zwischen 20 und 60 Jahre alt, und die über Sechzigjährigen machen noch einmal etwa ein Fünftel aus. Der Bevölkerungsanteil der dritten Gruppe wird sich in den kommenden Jahren aufgrund der demographischen Prognose noch verstärken und insbesondere der Anteil der über 75jährigen Senioren wird überproportional ansteigen.

Der Ausländeranteil liegt bei 7,6 Prozent und wird sich gewiß noch erhöhen. Die Bevölkerungsdichte beträgt 202 Einwohner pro Quadratkilometer.

Drei der fünf größten Städte des Landes schwanken in letzter Zeit um die Hunderttausend-Marke: Koblenz mit knapp 110 000 Einwohnern ist etwas größer als Kaiserslautern mit rund 100 000 und Trier mit gut 99 000. Die beiden größten Städte sind jedoch Mainz (mit ungefähr 184 000 Einwohnern) und Ludwigshafen (mit gut 167 000).

Ausgedehnte Mittelgebirgslandschaften und der Rhein mit seinen Nebenflüssen Mosel, Nahe und Ahr prägen das vorwiegend linksrheinisch liegende junge Bundesland. Im Norden ist das Rheinische Schiefergebirge vorherrschend, nach Süden schließen sich das Saar-Nahe-Bergland und das oberrheinische Tiefland an. Nördlich der Mosel liegen die von kleinen Tälern durchschnittenen Hochflächen der Eifel mit einer durchschnittlichen Höhe von 500 Metern über dem Meeresspiegel; ihre höchste Erhebung, die Hohe Acht (747 Meter), liegt in der Nähe des 1925 erbauten Nürburgrings. Der höchste Berg des Hunsrücks ist der Erbeskopf (816 Meter), die höchste Erhebung der Pfalz der Donnersberg (687 Meter). Der rechtsrheinisch gelegene Westerwald als Schiefergebirgsplateau steigt in west-östlicher Richtung von 300 auf etwa 600 Meter an (mit der höchsten Erhebung Fuchskaute bis 657 Meter). Während die Pfalz mit dem Naturpark Pfälzer Wald und ihren über 200 Burgen schon länger eine bekannte Urlaubsregion darstellt und vor allem Wanderer mit einem Sinn für historische Zusammenhänge anspricht, die auch einem Schoppen an der Deutschen Weinstraße (von Bockenheim bis Schweigen an der Grenze zum Elsaß) nicht abgeneigt sind, besitzen die anderen Landstriche zum Teil einen etwas versteckteren Charme: Rheinhessen etwa, dessen Orte der Heimatforscher Franz Josef Spang als «hingemuldet» oder «hingehügelt» bezeichnete, ist ein sanftwelliges Hügelland mit geringen Höhenunterschieden. Neben dem Wein spielt hier auch der Spargelanbau und Obstbau eine wichtige Rolle. Oder der Hunsrück, dessen herber Reiz sich oft erst beim zweiten Anblick entfaltet. Diese land- und waldwirtschaftlich geprägte Region südlich der Mosel konnte das Klischee vom deutschen Sibirien ablegen (mit dem auch die Eifel lange Zeit behaftet war) und wurde zu einem Eldorado für Wanderer und Naturfreunde. Kein reiner Geheimtip mehr, aber immer noch Ruhe verheißend, lockt die nördlich der Mosel gelegene Eifel mit ihren nicht weniger als 55 Vulkankegeln, die sich mit Wasser gefüllt haben: den Maaren. Wer den schönen Westerwald nur durch ein bekanntes Marschlied kennt, in dem auch das Unwirtliche dieser Region nicht verschwiegen wird – über seinen Höhen «pfeift der Wind so kalt» –, der sollte einen warmen Pullover einpacken und die liebenswerten Ecken dieser markanten Landschaft erkunden.

Wirtschaftsstruktur. Die Landesfläche wird noch immer zu gut 80 Prozent land- und waldwirtschaftlich genutzt. Dies ergibt jedoch für die Wirtschaftsstruktur des Landes ein falsches Bild. Denn von den im Jahr 1996 gezählten 1,7 Millionen Erwerbstätigen waren nur noch 2,8 Prozent in der Landwirtschaft tätig, während auf das produzierende Gewerbe gut 37, auf Handel, Verkehr und auf sonstige Dienstleistungen etwa 60 Prozent fielen. An der Bruttowertschöpfung hatten Land- und Forstwirtschaft sogar nur noch einen Anteil von 1,6 Prozent, während sich das produzierende Gewerbe 36,1, der Handels- und Verkehrsbereich 14,2 und die Dienstleistungen 48,1 Prozent sicherten. Im ganzen Land wurden knapp fünf Prozent des Bruttoinlandprodukts der alten Bundesländer erwirtschaftet, das im übrigen für Rheinland-Pfalz von etwa 77 Milliarden DM im Jahr 1980 auf 156 Milliarden für 1997 anwuchs.

Die starken wirtschaftlichen Verflechtungen zwischen Rheinland-Pfalz und der Europäischen Gemeinschaft drücken sich darin aus, daß mehr als die Hälfte der Exporte und Importe in die EG-Länder gingen oder von dort kamen. Mit einer Exportquote im verarbeitenden Gewerbe von gut 40 Prozent im Vergleich zum Durchschnitt der alten Länder von 31 Prozent nimmt das Land eine beachtliche Spitzenposition ein. Doch trotz des rückläufigen Anteils am Bruttosozialprodukt kommt der Land- und Forstwirtschaft – zumal wegen der Sonderkultur des Weinbaus – ein nicht zu unterschätzender Stellenwert zu. Dennoch ist die Zahl der Weinbaubetriebe von 1979 bis 1997 von rund 38 000 um etwa 18 000 zurückgegangen. (Siehe auch Seite 118/119.) Eine immer größere Rolle spielt wegen der landschaftlichen Reize der Mittelgebirge und Flußtäler der Fremdenverkehr. Nicht weniger als 22 Heilbäder und Kurorte, 38 Luftkurorte sowie 124 Erholungsorte ziehen Entspannung und Erholung Suchende an. Bei den Heilbädern und Kurorten kann man je nach Bedarf wählen zwischen: Bad Bergzabern, Bad Bertrich, Bad Breisig, Bad Dürkheim, Bad Ems, Bad Hönningen, Bad Kreuznach, Bad Marienberg, Bad Münster am Stein-Ebernburg, Bad Neuenahr-Ahrweiler, Bad Tönnisstein, Bad Wildstein, Boppard, Daun, Kyllburg, Sinzig, Vallendar, Diez, Lahnstein, Manderscheid, Rengsdorf und Bad Sobernheim.

Seit Ende der siebziger Jahre vollzog sich ein Wandel zu einem modernen Wirtschaftsraum, der freilich – trotz der Förderung industrieller Produktion im Rheingraben (etwa BASF in Ludwigshafen) – wie anderswo in dieser Zeit – mit den Problemen und Folgeerscheinungen der Arbeitslosigkeit zu kämpfen hatte und zu einer strikteren Politik der Sicherung bestehender und der Schaffung neuer Arbeitsplätze führte. Das neueste Stichwort der künftigen Strukturentwicklung heißt Konversion und meint die Umwandlung militärisch gebundener Anlagen in Produktionsstätten für zivile wirtschaftliche Nutzung.

WEINPARADIES RHEINLAND-PFALZ

Rheinland-Pfalz weist nicht weniger als zwei Drittel der gesamten Rebfläche in Deutschland auf, und es werden hier in der Regel ebenso viele Anteile an der jeweiligen Weinernte erzeugt. Erzeugt im wahrsten Sinn des Wortes: Denn in diesen für den Weinbau extrem nördlichen Regionen der Erde bedarf die Rebe einer intensiven Pflege – und einer günstigen Witterung, damit die Trauben zur Vollreife gelangen. Nicht zuletzt deswegen befindet sich der Weinbau gegenwärtig nicht in der besten Verfassung. Im nunmehr wirtschaftlich geeinten Europa gibt

Traditionspflege im Weinbau von der Rebe bis zum Faß.

Links oben: Handlese in Enkirch an der Mosel.

Links Mitte: Traubenmühle auf einem alten Weinkarren bei Sankt Martin an der Weinstraße.

Links unten: Handkeltern, mit denen der Most aus der gemahlenen Maische gepreßt wird.

Mitte: Im geräumigen Gewölbe eines altehrwürdigen Weinkellers.

Rechts oben und unten: Nach wie vor gehört die intensive Erfahrung des Winzers zu den Grundlagen eines guten Weines auf seinem langen Weg von der Traube bis in die Flasche.

es in den südlichen Breiten außerordentlich viele Weinkulturen, die leichter und damit «billiger» wachsen. So ist klar, daß am Rhein und seinen Nebenflüssen Mosel, Ahr und Nahe sowie in den flacheren Strukturen des Weinbaus, in Rheinhessen, der Vorderpfalz und an der Deutschen Weinstraße, die Zukunftsdevise lauten wird: mehr Qualität – und die besonders in den Steillagen – als Quantität in den Ebenen. Nicht wenige Programme des Ministeriums für Landwirtschaft, Weinbau und Forsten versuchen, diesem Gedanken zum Durchbruch zu verhelfen und sowohl die immer weniger werdenden hauptberuflichen Winzer wie diejenigen, die Weinbau im Nebenerwerb betreiben, zu fördern.

Und dennoch: Wer zählt die Weinorte, die Probierstuben, Straußwirtschaften und Schänken, die Weinwanderwege und nicht zuletzt die vielen Weinfeste dieses gleichsam kosmopolitischen Weingartens in Rheinland-Pfalz?

Wer kennt die vielen Sorten und Reben, vom immer noch einzigartigen Riesling (der an der Mosel besonders gepflegt wird und edle Kreszenzen hervorbringt) bis zur großen Vielfalt im Rheinhessischen Hügelland, in der Pfalz und an der Nahe: vom Bacchus über Faber, Huxelrebe, Kanzler, Kerner, Morio-Muskat und dem schon älteren Müller-Thurgau bis zu den Neuzüchtungen Optima und Ortega und dem – um im Alphabet fortzufahren – Ruländer, der Scheurebe, Septimer und Siegerrebe und dem Sylvaner bis hin zu den – meist an der Ahr wachsenden – Rotweinreben Herold, Portugieser und Spätburgunder? Und wer kann die Weinkategorien vom Tafel- über den Qualitätswein bis zum Prädikatswein mit Kabinett, Spätlese, Auslese, Beerenauslese, Trockenbeerenauslese bis zum Eiswein, der nach dem ersten Frost gelesen wird, unterscheiden – und mit Verstand genießen?

Wenn jemand dies einigermaßen kann, ist er entweder ein Rheinland-Pfälzer, oder aber er kennt sich in diesem Weinparadies besonders gut aus. Stefan Andres (1906–1970), ein Schriftsteller aus dem heutigen Rheinland-Pfalz, dem in Schweich an der Mosel wegen seines autobiographischen Romans «Der Knabe im Brunnen» aus dem Jahr 1953 eine wunderbare Brunnenanlage gewidmet ist, hat einmal über die rheinisch-pfälzischen Gefilde geurteilt, hier wachse ein Wein, der aus einem Mann zwei mache.

Helmut Mathy

Presse, Funk und Fernsehen. Rheinland-Pfalz nimmt in der Medienlandschaft der Republik heute einen besonderen Rang ein. Denn neben bedeutenden Tageszeitungen mit vielen regionalen Ausgaben (Rheinpfalz, Allgemeine Zeitung Mainz, Rhein-Zeitung Koblenz und Trierischer Volksfreund) ist das Landesstudio Mainz des Südwestfunks auf dem Hartenberg mit 400 festangestellten und 200 freien Mitarbeitern eine wichtige, die verschiedenen Regionen des Landes integrierende Anstalt.

Mainz als Sitz des Zweiten Deutschen Fernsehens, das als Anstalt des öffentlichen Rechts die größte Sendeanstalt Europas ist, sowie als Sitz von SAT 1, dem ersten in der Bundesrepublik zugelassenen nationalen, aber privaten Fernsehanbieter, ist zu einer modernen Medienstadt par excellence geworden.

Sehenswerte Orte von A bis Z

Ziffern im Kreis verweisen auf die Karte auf Seite 155.

Alzey ①. Die Geburtsstadt der Schriftstellerin Elisabeth Langgässer (1899–1950) wurde an einer Furt über die Selz in keltischer Zeit als Siedlung gegründet. Heute kann man in der etwa 15 000 Einwohner zählenden Kleinstadt im Herzen des rheinhessischen Hügellandes Reste des römischen Kastells (4. Jahrhundert) besichtigen, das zu Beginn des 5. Jahrhunderts von den Burgundern, genauer von den Mannen Gunthers übernommen wurde. Der Spielmann Volker von Alzey, eine wichtige Figur des um 1200 von einem unbekannten Dichter niedergeschriebenen Nibelungenliedes, soll unter ihnen gewesen sein. Die Stadt selber stieg im 12. Jahrhundert zur Residenz der Pfalzgrafen auf.

Andernach ②, das 1988 seine 2000-Jahr-Feier beging, liegt im fruchtbaren Neuwieder Becken. Mitte des 13. Jahrhunderts wurde die Stadtmauer vollendet, die noch heute mit ihrem 56 Meter hohen *Runden Turm* (fertiggestellt 1452 von Philipp Prendemann) zu den Sehenswürdigkeiten der Stadt zählt. Bemerkenswert neben der katholischen *Liebfrauenkirche* (erste Bauphase um 1200), die die Andernacher stolz als Mariendom bezeichnen, ist auch die evangelische *Christuskirche*, ein gotischer Bau, einst als *Minoritenkirche Sankt Nikolaus* bekannt, sowie der alte Rheinkran aus dem 16. Jahrhundert in den Rheinanlagen, der an den blühenden Handel der Stadt erinnert.

Annweiler ③, im Tal der Queich zwischen Landau und Pirmasens gelegen, wurde schon im Jahr 1219 unter Friedrich II. zur Freien Reichsstadt erhoben. Besonders bekannt ist der Ort mit seinen gepflegten Fachwerkhäusern wegen der Burgruine *Trifels* mit ihren Nebenburgen Anebos und Scharfenberg (auch «Münz» genannt). Hier befanden sich einst die Reichskleinodien (Reichsapfel, Schwert, Kreuz und Heilige Lanze), die heute in der Schatzkammer der Wiener Hofburg aufbewahrt werden.

Links: Stattliches Fachwerkhaus am Marktplatz von Adenau in der Eifel. In dem Gebäude aus dem späten 17. Jahrhundert ist heute ein Hotel untergebracht.

Mitte: Fachwerkgiebelhäuser am Alzeyer Roßmarkt, dem Mittelpunkt der Altstadt.

Bendorf ④, dessen Anfänge bis zur Zeit um Christi Geburt zurückreichen, legt noch heute Zeugnis von der frühen Industrialisierung im Neuwieder Becken ab. Beispielhaft dafür ist die seit 1927 nicht mehr tätige *Sayner Hütte*, die im frühen 19. Jahrhundert für die Qualität ihres Eisenkunstgusses gerühmt wurde. Heute wird versucht, die Hütte nach und nach vollständig zu rekonstruieren, um sie als Denkmal des Industriezeitalters zu erhalten.

Bernkastel-Kues ⑤ ist das Herz der Mittelmosel und eines der touristischen Zentren dieser Region. Dominiert von der Burgruine Landshut, zeugen noch heute viele prächtige Fachwerkhäuser, besonders in der Umgebung des Marktplatzes mit dem Michaelsbrunnen und dem Rathaus aus der Spätrenaissance, vom bürgerlichen Selbstbewußtsein der knapp 8000-Seelen-Gemeinde. Das auf dem linken Ufer gelegene Kues ist der Geburtsort des Nikolaus Cusanus, der von vielen Philosophiehistorikern als «Pförtner der Neuzeit» bezeichnet wird (siehe auch Seite 63).

Bingen-Bingerbrück ⑥. Links und rechts der Nahe an jener Stelle entstanden, wo der Rhein das Schiefergebirge durchbricht, war Bingen seit je eine wichtige Station für die Rheinschiffahrt. Dies wird nicht zuletzt durch den mitten im Strom gelegenen *Mäuseturm* (aus dem 14. Jahrhundert), eine alte Mautstätte, dokumentiert. Im heutigen Stadtteil Bingerbrück, der nach dem Wiener Kongreß (1815) zu Preußen gehörte, während der Hauptort zu Rheinhessen kam, hat die heilige Hildegard (1098–1179) das Kloster Rupertsberg für ihre Benediktinerinnen gegründet. – Weinhandel und Sekterzeugung prägen das Gewerbe der Stadt, von deren Sehenswürdigkeiten die Burg Klopp, die spätgotische Basilika Sankt Martin (erstmals erwähnt 793) und aus der näheren Umgebung die Rochuskapelle (1666 während der Pest gestiftet) besonders herausragen.

Rechts unten: In Ahrweiler – Gasthaus in einem historischen, liebevoll restaurierten Fachwerkgebäude aus dem Jahr 1761.

Ganz rechts: Zu den schönsten Fachwerkhäusern Bacharachs gehört das 1568 erbaute «Alte Haus».

Birkenfeld ⑦. Die heutige Kreisstadt im oberen Nahetal an der alten Völker- und Soldatenstraße von Mainz nach Paris ist neben ihren mittelalterlichen Hinterlassenschaften durch ihre Zugehörigkeit zum weitab gelegenen Fürstentum Oldenburg (in den Jahren 1817–1937) geprägt. Sie hat bis heute den Reiz einer kleinen Residenzstadt bewahrt: Das 1819 bis 1821 im klassizistischen Stil erbaute *Neue Schloß* sowie die ehemalige oldenburgische Kaserne, aber auch die schmucken Amts- und Bürgerhäuser verbreiten einen freundlich-noblen Eindruck.

Bitburg ⑧. Inmitten der weitgehend unberührten Landschaft der Südeifel gelegen, ist die Stadt nicht nur wegen ihrer keltisch-römischen Vergangenheit – unter Kaiser Konstantin wurde hier ein gewaltiges Straßenkastell errichtet; ein rekonstruierter Mauerzug ist heute zu besichtigen –, sondern auch als Sitz der weltbekannten Bitburger Brauerei erwähnenswert.

Boppard ⑨. Das römische Kastell aus dem 4. Jahrhundert, von dem noch einige Reste im Stadtbild erhalten sind, sowie die mittelalterlichen Türme und Tore prägen diese Kleinstadt am Mittelrhein, in der ein heute weltbekannter Mann geboren wurde: Der Tischler und Industrielle Michael Thonet (1796–1871), der seit 1843 in Wien lebte und dessen Stühle, deren Verbreitung dort von Staatskanzler Metternich persönlich gefördert wurde, bald ihren Siegeszug um die ganze Welt antraten.

Cochem ⑩, die etwa 7000 Einwohner zählende gastfreundliche Stadt an der Mosel, bietet in ihren winkeligen Gassen vielen Touristen einen weinseligen Aufenthalt. Mit den steilen Weinbergen und der darüber thronenden Reichsburg (erstmals erwähnt 1051) hat sie ein mittelalterlich-malerisches Flair bewahrt.

In unmittelbarer Nähe der Stadt liegt die *Ruine Winneburg*. Wahrscheinlich um 1250 erbaut, gelangte diese Burg im Jahr 1652 an die Freiherren von Metternich.

Daun ⑪. Der heilklimatische Kurort mitten im Westeifel-Vulkanzug ist besonders wegen der drei in seiner Nähe befindlichen Maare berühmt: das Maar von Schalkenmehren, wo sich auf der Hohen List die Sternwarte der Rheinischen Friedrich-Wilhelms-Universität zu Bonn befindet, das Gemündener Maar sowie das sagenumwobene Weinfelder- oder Totenmaar.

Edenkoben ⑫. Die kleine anheimelnde Stadt an der Weinstraße ist ein gutes Beispiel für Reblandschaft und Weinkultur, die großenteils aus klösterlichem Besitz hervorging. Sehr markant erhebt sich in südlicher Richtung auf einer waldreichen Anhöhe das nahegelegene *Schloß Ludwigshöhe*, das Friedrich von Gärtner im Auftrag des Wittelsbacher Königs Ludwig I. in den Jahren 1845 bis 1852 erbauen ließ. Mittlerweile ist es im Besitz des Landes Rheinland-Pfalz und beherbergt den Nachlaß des 1932 verstorbenen Impressionisten Max Slevogt.

Der aus Edenkoben ausgewanderte Johann Adam Hartmann soll nach Pfälzer Überlieferung das historische Sujet sein, dem James Fenimore Cooper mit seiner Romanerzählung «Lederstrumpf» ein literarisches Denkmal gesetzt hat.

Festung Ehrenbreitstein ⑬. Etwa fünf Kilometer von der Koblenzer Stadtmitte entfernt erhebt sich auf dem rechten Rheinufer die überwältigende Verteidigungsanlage *Ehrenbreitstein*. Ihr Bau reicht zurück bis ins 10. Jahrhundert und wurde Schritt für Schritt erweitert. Eine strategisch günstigere Lage für eine Festung am Rhein ist kaum vorstellbar. Von hier aus ließ sich der Verkehr auf Mosel und Rhein, die Moselmündung, Koblenz und der Zugang zum Neuwieder Becken kontrollieren. Heute wird ein Teil der Anlage vom Landesmuseum Koblenz, von der Staatlichen Sammlung technischer Kulturdenkmäler und vom Rhein-Museum genutzt.

Burg Eltz ⑭. Erstmals 1157 genannt, verkörpert diese Burg mit ihren Türmchen, Steildächern, Erkern und Zinnen den Kindertraum von einer deutschen Burg. Anfänglich diente die Anlage der Sicherung eines Zugangs von der Mosel zum Maifeld. Weil sie wegen ihrer versteckten Lage in einem Seitental der Mosel nicht von weither zu erkennen ist, konnte sie ihr mittelalterliches Gepräge ohne Zerstörungen bewahren und zieht heute Besucher aus aller Welt an.

Frankenthal ⑮ wurde nicht selten als dritte kurpfälzische Hauptstadt (neben Heidelberg und Mannheim) bezeichnet. Unter Kurfürst Karl Theodor seit Ende des 18. Jahrhunderts gewerblich ausgebaut, glänzte Frankenthal im Kunsthandwerk besonders durch eine Porzellanmanufaktur aus der zweiten Hälfte des 18. Jahrhunderts. Selbst Diderot und d'Alembert loben in ihrer Enzyklopädie das «weiße Gold» aus Frankenthal. Im Zweiten Weltkrieg stark zerstört, ist die Industrie- und Arbeiterstadt heute gut erschlossen und hat Teil an der wirtschaftlichen Entwicklung des Rhein-Neckar-Raums.

Germersheim ⑯. Zwei Daten der Geschichte erinnern in der mehr als 900 Jahre alten Stadt an besondere Ereignisse: Am 25. Juli 1674 ließ der französische Marschall Turenne den gesamten Ort niederbrennen, und am 10. Oktober 1834 legte Bayern im Auftrag des Deutschen Bundes den Grundstein für eine große, aber letztlich unnütze Festungsanlage mit bis zu zehn Meter hohen und mehr als drei Kilometer langen Wällen. Heute prägen die zahlreichen Studenten der Sprach- und Kulturwissenschaften das Bild der Stadt.

Gerolstein ⑰. Durch die Zerstörungen im Jahr 1691 und zwei große Brände in den Jahren 1703 und 1784 ist das mittelalterliche Stadtbild des schon in der Römerzeit besiedelten Ortes unwiederbringlich verloren gegangen. Heute macht Gerolstein durch sein kohlensäurehaltiges Mineralwasser von sich reden, an dem sich allerdings auch schon die Römer labten. Von Weltruf sind auch die Äcker um Gerolstein herum, denn hier, im Gebiet der Eifeler Kalkmulden liegt der mitteldevonische Meeresboden, gebildet aus den kalkhaltigen Resten unzähliger Meerestiergenerationen, nur wenige Fingerbreit unter der Ackerkrume. Museen aller Erdteile nennen Fundstücke aus diesem Gebiet ihr eigen: Triboliten, Seelilien, Korallen, Armfüßler, Muscheln und Schnecken einer vor mehr als 350 Millionen Jahren untergegangenen Tierwelt.

Hermeskeil ㊱, zwischen Mosel und Saar im Hochwald gelegen, ist ein beliebter Ausgangsort für Ausflüge in das Erholungsgebiet Hochwald. Zahlreiche römerzeitliche Funde und verschiedene keltische Fluchtburgen in der Umgebung weisen auf eine frühe Besiedlung des Hochwaldraumes hin. Neben der reizvollen Landschaft hat das Städtchen etwa das volkskundliche Hochwaldmuseum und ein Lokomotivmuseum an der historischen Hochwaldbahn (1889–1894 gebaut) zu bieten.

Herrstein ⑱. 1674 rissen die Herrsteiner Einwohner eigenhändig ihre Stadtmauer vor dem bedrohlich herangerückten Marschall Turenne nieder und retteten damit ihren Ort vor einer möglichen Zerstörung. Heute macht das im Jahr 1279 erstmals erwähnte und seit 1428 mit Stadtrechten versehene Herrstein mit seinem restaurierten malerischen Ortskern mit Mauern, Türmen und einem Ensemble bemerkenswerter Fachwerkhäuser als «Rothenburg im Hunsrück» von sich reden.

Oben: Der historische Ortskern des Hunsrückdorfs Herrstein mit dem Schinderhannesturm, in dem der berüchtigte Räuber um 1800 eingekerkert gewesen sein soll. – Unten links: «Der Gäeßestrepperbrunnen», Blickfang in der Fußgängerzone von Bitburg. – Unten rechts: Im Eifel-Ardennen-Museum im Haus Beda in Bitburg, das der römisch-keltischen Vergangenheit der 2000 Jahre alten Stadt in der Südwesteifel gewidmet ist.

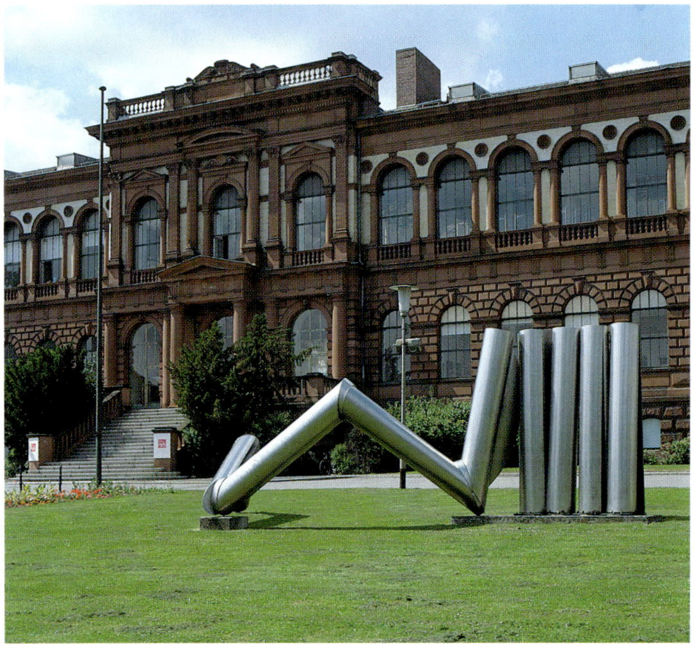

Oben: Die «Schmuckmetropole» Idar-Oberstein. Berühmt ist auch die Felsenkirche aus dem 15. Jahrhundert in der fast senkrecht aufsteigenden Felswand über dem Zentrum des Stadtteils Oberstein.

Mitte: Die Pfalzgalerie in Kaiserslautern, deren Baupläne von ihrem späteren Direktor Karl Spatz nach dem Vorbild der Alten Pinakothek in München und der Dresdner Gemäldegalerie entworfen wurden. Ursprünglich als Gewerbemuseum konzipiert, enthält sie heute eine große Sammlung von Bildern und Plastiken bedeutender Künstler.

Unten: Reste der mittelalterlichen Befestigungsmauer von Kirchheimbolanden in der Pfalz sind im Süden und Westen der Stadt erhalten.

Himmerod ⑲, die Zisterzienserabtei mit ihrer mächtigen Barockfassade, entstand ursprünglich auf direkte Veranlassung des Ordensgründers der Zisterzienser, Bernhard von Clairvaux, im Salmtal unweit von Wittlich. Das 1134 gegründete Kloster wurde im Zuge der Säkularisation aufgehoben (1802), jedoch im 20. Jahrhundert wiederbesiedelt, und die barocke Kirche nach den Schäden des Zweiten Weltkrieges als Mariendom in der Eifel wieder aufgebaut. Theodor Heuss, der erste Bundespräsident, hat Himmerod als Oase der Ruhe und Sammlung wiederholt aufgesucht.

Idar-Oberstein ⑳. Einzigartig ist die Sammlung der Edelsteine, die im Deutschen Edelsteinmuseum im Hochhaus der Idarer *Diamant- und Edelsteinbörse* besichtigt werden kann. An die mühevolle Arbeit der Edelsteingewinnung, des -schleifens und -polierens erinnern zudem die wiederaufgebaute *Weiherschleife* und die einzige für jedermann zugängliche Edelsteinmine Europas, die Besuchergrube *Steinkaulenberg*. Vergangenheit ist allerdings die romantische Ansicht der Doppelstadt, seit eine vierspurige innerstädtische Schnellstraße das Flußbett der Nahe und ihre Uferränder kilometerlang zudeckt. Dennoch kann man die in eine riesige Höhlung einer senkrechten Bergwand eingebaute *Felsenkirche* aus dem 15. Jahrhundert nicht übersehen.

Ingelheim ㉑, der alte karolingische Pfalzort, war im Mittelalter eines der Machtzentren im Westen des Reiches. Der berühmte Sohn der Stadt, Sebastian Münster (1489–1552), hat mit seiner «Cosmographia» Furore gemacht, einer, wie es im Untertitel heißt, «Beschreibung / aller Lender .../ Aller völcker Herschaften, / steten, und namhaftiger flecken, herkomen: / Sitten, gebreuch, ordnung, glauben, secten, und hantie / rung, durch die gantze welt, und fürnem / lich Teütscher nation ...»

Vor allem die Ende des 19. Jahrhunderts gegründete Chemiefabrik Boehringer und die mit der Industrialisierung im 19. Jahrhundert einhergegangenen Veränderungen prägen heute die auch für ihren Rotwein bekannte Stadt am Rhein.

Kaiserslautern ㉒. An der Stelle, wo Kaiser Friedrich I. Barbarossa 1152 eine Pfalz errichten ließ, befindet sich heute nach Ludwigshafen die zweitgrößte Stadt der Pfalz. 1276 erhielt Lautern von Rudolf von Habsburg die Stadtrechte von Speyer. Von dem 84 Meter hohen Rathaus – im Areal der alten Pfalzgrafenburg Johann Casimirs –, dem höchsten der Bundesrepublik, hat man einen guten Überblick über die Stadt. Von hier sieht man die Stiftskirche aus dem 15. Jahrhundert, die zu einer Konzert- und Kongreßhalle umgewidmete ehemalige Fruchthalle, das Pfalztheater und die Pfalzgalerie, aber auch den «Betze», das Fußballstadion des Bundesligisten 1. FC Kaiserslautern, dessen Spieler der restlichen Liga zuweilen das Fürchten lehren.

Kaub ㉓. Die Burg Pfalzgrafenstein, die *Pfalz im Rhein*, ist eine der originellsten Burgen in Deutschland. Mitten im Rhein, auf einem Felsen gegründet, mit sechseckigem Mauerring, einem Wehrgang, Fallgittern und anderen Sicherheitsvorkehrungen verschaffte sie der Bürgerschaft von Kaub im 14. Jahrhundert durch die Erhebung von Rheinzöllen zusätzliche Einnahmen. An dieser Stelle vollzog sich der Übergang des preußischen Generals Blücher in der Neujahrsnacht 1813/1814 bei der Verfolgung Napoleons über den Rhein, dem er dann sein «Waterloo» bereitete. – Oberhalb von Kaub liegt die *Burg Gutenfels*, die seit der Zeit um 1200 erheblich zur Sicherung des Ortes beitrug.

Kirchheimbolanden ㉔. Die Stadt am Donnersberg hat sich mit ihren Toren, Türmen und Wehrgängen und als ehemalige Residenz einer Linie des Fürstenhauses Nassau-Weilburg vieles vom alten Charakter bewahrt. In der von Julius Ludwig Rothweil 1739 bis 1744 erbauten *Paulskirche* erklingt noch heute jene Orgel, auf der

Fortsetzung Seite 141

Blick von der Burgruine Neuleiningen auf die katholische Pfarrkirche Sankt Nikolaus; sie entstand aus der ehemaligen Burgkapelle aus dem 13. Jahrhundert, der 300 Jahre später ein mächtiger Westturm und der Chor angefügt wurden.

Nächste Doppelseite: Die Ruine der Burg Neuleiningen, von Graf Friedrich III. in den Jahren 1238 bis 1241 errichtet. Diese mediterranen Festungsanlagen nachempfundene, fast quadratische Wehranlage mit vier dreiviertelrunden Türmen galt lange Zeit als uneinnehmbar, wurde jedoch im Franzosenkrieg 1690 mitsamt dem gleichnamigen Ort gebrandschatzt.

Beliebt sind die zahlreichen kleinen Gasthäuser des Pfälzer Waldes mit ihrer familiären, gemütlichen Atmosphäre, in die man nach einer Wanderung gerne einkehrt. Hier in der Nähe von Edenkoben.

In einer Schutzhütte im Pfälzer Wald, Deutschlands größtem geschlossenen Waldgebiet. Durch die vielen bewirtschafteten Stützpunkte ist sichergestellt, daß Geselligkeit und kulinarische Genüsse auch bei längeren Ausflügen und Wanderungen nicht zu kurz kommen.

An den Hängen der Kalmit, einem beliebten Ausflugsziel inmitten der Wälder. Dieser Sandsteinberg nicht weit von Maikammer stellt mit 673 Metern Höhe die höchste Erhebung des Pfälzer Waldes dar.

Ein mildes Klima und die fruchtbaren Lößböden in den Schwemmgebieten der Rheinebene erbringen den Obstbauern reiche und hochwertige Ernteerträge, deren Produkte mit Stolz vorgezeigt werden. Rotbackige Äpfel, wie hier in Freinsheim, ebenso …

... wie im Einzelverkauf ab Hof feilgehaltene Speisetrauben und saftige Zwetschgen für den bekannten Pfälzer «Quetschekuche» (in Maikammer).

... oder die frisch geernteten, zur Weinherstellung gesammelten Trauben, hier in Bobenheim.

Nächste Doppelseite: Blick von der Ruine der Burg Frankenstein auf den gleichnamigen Ort; er liegt inmitten dichter Wälder in der nur dünn besiedelten Zentralregion des Pfälzer Waldes zwischen Bad Dürkheim und Kaiserslautern.

Am Marktplatz von Bad Dürkheim. Recht beschaulich zeigt sich hier die Stadt an der Mittelhaardt, die durch ihre Mineralsolequellen als Heilbad bekannt ist. Die besondere Popularität beruht jedoch auf ihrem jährlichen Wurstmarkt, dem größten Weinfest der Welt.

Zwei Septemberwochen lang steht Bad Dürkheim alljährlich im Zeichen ausgelassener Festlichkeiten, bei denen Wein und Bratwürste, Umzüge und Blasmusik für Stimmung unter den Besuchern sorgen.

Links: Einst karrten Dürkheimer Winzer «Wei un Worscht» auf den Michaelisberg, um die Pilger zu verköstigen, heute werden auch die weniger frommen Gäste des «Worschtmarkt» allenthalben mit Pfälzer Spezialitäten gelabt.

Rechts: Wem der Markt zu turbulent ist, der kann sich in das Riesenfaß gleich neben dem Festplatz flüchten, in dem bis zu 450 Gäste Platz finden. Mit einem Durchmesser von 13,5 Metern und einem Fassungsvermögen von 1,7 Millionen Litern ist das Dürkheimer Faß das größte der Welt.

Feierlicher Anstich des ersten, vorher durch den Ort gerollten Weinfasses und Präsentation des neuen Jahrganges bei der Eröffnung des Wurstmarktes durch einen Winzer und die Weinkönigin.

Inmitten von Edelkastanien, Feigen- und Mandelbäumen ließ König Ludwig I. von Bayern nach Plänen Friedrich von Gärtners 1845 bis 1852 in der Nähe von Edenkoben seine Sommerresidenz Schloß Ludwigshöhe errichten. Die klassizistische Villa beherbergt heute eine Sammlung von Gemälden und Grafiken von Max Slevogt.

Der Platz vor dem Deidesheimer Rathaus mit seinem überdachten Eingangsportal und der Freitreppe von 1724 ist Schauplatz eines kuriosen Brauches: der öffentlichen Geißbockversteigerung. Dieses seit 1404 belegte, traditionelle Spektakel findet alljährlich am Dienstag nach Pfingsten statt.

Stattliche Wohnhäuser inmitten gepflegter Gärten von mediterranem Flair bezeugen den seit langem begründeten Wohlstand der Südpfalz. Bei den im letzten Jahrhundert erbauten Gebäuden, wie hier bei Neustadt an der Weinstraße, dominieren freundliche Sandsteinfassaden.

Nächste Doppelseite: Bereits im 8. Jahrhundert wurde das pfälzische Freinsheim als Weinbauort verzeichnet.

Im Mai 1832 erschallte der Ruf nach deutscher Einheit und Freiheit sowie einem «conföderierten republikanischen Europa» von den Zinnen des Hambacher Schlosses. Angeführt von dem Publizisten Philipp Jakob Siebenpfeiffer zogen weit über 20 000 Demonstranten mit schwarz-rot-goldenen Fahnen zu diesem Bauwerk, das gerne als die Wiege der Demokratie in Deutschland bezeichnet wird: Das Hambacher Fest war die erste und größte politische Volksversammlung der jüngeren deutschen Geschichte.

Wolfgang Amadeus Mozart im Jahr 1778 für die fürstliche Familie aufspielte. Ein kleines Museum im Ort zeigt interessante Exponate aus dem Revolutionsjahr 1848.

Kirn ㉕. Ganz von bewaldeten Höhen eingerahmt, ist der 841 erstmals genannte Ort am mittleren Nahelauf heute ein wichtiger Industriestandort mit etwa 10 000 Einwohnern. Die ehemalige Residenz der Wild- und Rheingrafen im eingemeindeten Dorf Steinkallenfels im engen Hahnenbachtal wird durch die Reste dreier Burgen geprägt: Stock im Hane, Kallenfels und Stein. Im nahegelegenen *Bundenbach* im gleichen Tal wurde ein Schieferbergwerk als Touristenattraktion saniert.

Koblenz ㉖, die Stadt an Rhein und Mosel, mit der auf der rechten Rheinseite gelegenen mächtigen Festung Ehrenbreitstein ⑬, ist das Tor zum Hunsrück, zur Eifel und zum Westerwald. Das *Deutsche Eck*, dort wo die Mosel in den Rhein mündet, geht zurück auf den Deutschen Orden, der sich im frühen 13. Jahrhundert hier niederließ. Heute erinnert noch das im Zweiten Weltkrieg schwer beschädigte Denkmal für Kaiser Wilhelm I. an eine eher obrigkeitsstaatliche Epoche deutscher Geschichte. Jahrelang war darüber gestritten worden, ob das Denkmal überhaupt wiederhergestellt werden sollte. Nunmehr wird mit den Mitteln aus einer privaten Stiftung das nachgegossene Reiterstandbild erneut aufgestellt, zur Freude vieler Koblenzer, aber auch zum Gram nicht weniger nachdenklicher Bürger (siehe auch Seite 94 f.). – Lohnend ist in Koblenz der Besuch der mittelalterlichen Kirche Sankt Kastor (erster Bau 836 geweiht), ein Gang über die Balduinsbrücke zur Alten Burg und nicht zuletzt zur Ansicht des *Kurfürstlichen Schlosses* aus klassizistischer Zeit, das in der Mitte des 19. Jahrhunderts als Sitz des Militärgouverneurs und späteren Kaisers Wilhelm I. mit seiner sehr populären Gemahlin Augusta diente. Vergessen werden soll auch nicht die 1182 erstmals erwähnte *Liebfrauenkirche*, an deren Stelle noch in frühfränkischer Zeit, im 5./6. Jahrhundert, ein profaner römischer Saalbau stand.

Bedeutende Koblenzer Persönlichkeiten waren neben dem ersten Ministerpräsidenten von Rheinland-Pfalz, Peter Altmeier, aus der späten Neuzeit der Staatsmann Klemens Lothar von Metternich (1773–1859), Maria Magdalena Keverich, die Mutter Beethovens, der Romantiker Clemens von Brentano (1778–1842) und der Begründer des antinapoleonischen «Rheinischen Merkur», Josef Görres (1776–1848).

Lahnstein ㉗, 1969 aus Ober- und Niederlahnstein zusammengeschlossen, geht auf den Ende des 4. Jahrhunderts unter Kaiser Valentinian zur Sicherung der Rheingrenze gegründeten Burgus zurück. Als eindrucksvollster Bau überragt die direkt am Rheinufer gelegene ehemalige Pfarrkirche *Sankt Johannes der Täufer* den Ort. Die frühe Pfeilerbasilika entstand Mitte des 12. Jahrhunderts, zu Beginn der romanischen Baublüte, und wurde 1856/1857 – nachdem sie 1794 niedergebrannt war – wiederaufgebaut.

Landau ㉘, das «Schlüsselloch zu Frankreich», wie es der Dichter Jakob Michael Reinhold Lenz nannte, ist berühmt wegen seiner Park- und Gartenanlagen. Im 18. Jahrhundert als Grenzfestung zu Frankreich gehörend, gelangte die Stadt 1816 «für ewige Zeiten» (wie man damals meinte) an Bayern. Ein Sohn der Stadt, Thomas Nast, wanderte im 19. Jahrhundert in die Vereinigten Staaten aus und wurde ein berühmter politischer Karikaturist. Die einheimische Schriftstellerin Martha Saalfeld rühmt die «breiten Boulevards und die verträumten Villen.» – Von Landau aus gibt es gute Ausflugsmöglichkeiten in die eng bestandene Rebregion der südlichen Weinstraße.

Ludwigshafen ㉙, die Stadt der Chemie. Erst 1843 an der ehemaligen Rheinschanze gegenüber Mannheim gegründet, ist die Industriestadt heute vor allem als Sitz der Badischen Anilin- und Soda-Fabrik (BASF), mit über 100 000 Mitarbeitern, weltweit bekannt. Das Werk erstreckt sich über fünfeinhalb Kilometer das Rheinufer entlang. Einen längeren Besuch wert ist das *Wilhelm-Hack-Museum*, das aus einer Stiftung des Kölner Sammlers 1978 erbaut wurde. Berühmt wurde es durch seine farbige Außenwand, die, 55 Meter lang und zehn Meter hoch, von dem Spanier Joan Miró entworfen wurde. Der Namensstifter des Museums selbst hat Bilder der Klassischen Moderne gesammelt.

1984 startete in Ludwigshafen das erste Pilotprojekt für privates Kabelfernsehen. – Im Vorort Oggersheim ließen sich nicht wenige ausländische Staatsmänner (unter anderen Michail Gorbatschow und François Mitterand) Hannelore Kohls Saumagen schmecken. Hier kann man auch die 1774 bis 1777 errichtete Wallfahrtskirche

Im Festsaal des Hambacher Schlosses versammelten sich im Jahr 1832 die deutschen Patrioten und Freiheitsanhänger.

Mariae Himmelfahrt sowie eine Gedenkstätte für Friedrich Schiller besichtigen, der, von Mannheim kommend, in seiner Sturm- und Drang-Zeit öfter hier geweilt hat (Schillerstraße 6).

Mainz ㉚, die Hauptstadt Rheinhessens und des Landes Rheinland-Pfalz, liegt auf dem linken Rheinufer gegenüber der Mainmündung, hat jedoch in den rechtsrheinischen Orten Kastel, Kostheim und Amöneburg seit 1945 so etwas wie einen unabhängigen Widerpart. Ihre Rolle als Metropole der Erzkanzler des Reiches in Mittelalter und Neuzeit wird augenfällig vor allem im *Dom Sankt Martin* (frühes 11. Jahrhundert) und seinem sakralen Umfeld. Auf dem Marktplatz befindet sich einer der schönsten Renaissancebrunnen Deutschlands, errichtet von Kurfürst Albrecht von Brandenburg (1526) sowie die in neuester Zeit aufgestellte Heunensäule mit wichtigen Szenen aus der Stadtgeschichte seit der Römerzeit. Vor der Nordostseite des Doms befindet sich das *Gutenbergmuseum*, das Weltmuseum der Druckkunst, in dem die 42zeilige «Ur-Bibel» aufbewahrt wird (siehe auch Seite 61). Am Hang über dem Dom lockt die im letzten Krieg schwer zerstörte gotische *Stephans-*

kirche (14. Jahrhundert) heute durch die von Marc Chagall ab 1978 im Chor geschaffenen Glasfenster alljährlich viele Touristen an

Das alte, von der Theodor-Heuss-Brücke am besten erkennbare Rheinpanorama von der Christuskirche zum Kurfürstlichen Schloß, vom Deutschhaus, dem Zeughaus, der Karmeliterkirche zu den Türmen der Stadtbefestigung Eisenturm und Holzturm, ist bereits von Matthäus Merian verewigt worden. Das neue Rathaus am Ufer (1970–1974) sowie die doppeltürmige barocke Peterskirche und der alte Kurfürstliche Marstall (mit dem Landesmuseum) ergänzen die Schauseite. Jenseits des Zahlbacher Tales liegt die 1946 eröffnete Johannes Gutenberg-Universität, deren Vorgängerin die kurfürstlich-hohe Schule (1476/1477 – etwa 1800) war. Besonders betont werden muß die Toleranz der Mainzer und ihr sprichwörtlicher Lebensmut, der nicht nur literarisch – etwa bei Carl Zuckmayer oder Anna Seghers –, sondern auch in der Fassenacht seinen Niederschlag findet (siehe Seite 154).

Abtei Maria Laach ㉛, am Ufer des Laacher Sees gelegen, wurde im Jahr 1093 vom Pfalzgrafen Heinrich III. gestiftet. Rund 120 Jahre

wurde an der Benediktinerabtei gebaut, so daß man in Maria Laach heute alle Spielarten romanischer Baukunst bewundern kann, fast unberührt von späteren Veränderungen. 1802 säkularisiert und ausgeplündert und erst 1892 wieder von den Benediktinern übernommen, ist die doppelchörige Gewölbe- und Pfeilerbasilika im 20. Jahrhundert – sozusagen als Vorbote des zweiten Vatikanischen Konzils – zu einem Zentrum der liturgischen Bewegung geworden.

Abtei Marienstatt ㉜. Nachdem im Jahr 1222 der Grundstein gelegt werden konnte, entstand in rund 200jähriger Bauzeit im Tal der Nister im Westerwald die Zisterzienserabtei Marienstatt. Mit ihrem frühgotischen Kreuzgewölbe und einem offenen, scheinbar freischwebenden Strebepfeilersystem verweist die dreischiffige Basilika, die aus Schieferbruchstein errichtet wurde, auf nordfranzösischen Einfluß.

Marksburg ㉝. Auf einem steilen Bergkegel rechtsrheinisch gelegen und von der Stadt Braubach erreichbar, hat die alte Zollburg (erstmals erwähnt 1231) ihren mittelalterlichen Charakter – man denke etwa an die Folterwerkzeuge aus alter Zeit – bewahrt und ist dennoch, nicht zuletzt durch Bodo Ebhardt und die von ihm mit Protektion Kaiser Wilhelms II. gegründete Deutsche Burgenvereinigung seit 1900 so saniert worden, daß heute auf der Burg allerlei Aktivitäten wie Handwerksmärkte, Theateraufführungen und Kunstausstellungen stattfinden können.

Mayen ㉞. Die Stadt in der östlichen Eifel, in der Nähe des Laacher Sees und nicht weit vom Nürburgring entfernt, war wirtschaftlich lange durch ihre Basaltsteinbrüche geprägt. Ihr Wahrzeichen ist aber der «schiefe Turm» der *Pfarrkirche Sankt Clemens* sowie das barocke Rathaus (erbaut 1717/1718). Lohnenswert ist auch der Besuch des Eifelmuseums in der restaurierten Burg mit ihrem mächtigen Goloturm.

In der Nähe liegt das sehr gut erhaltene, vieltürmige *Schloß Bürresheim*, einer der bedeutendsten kunsthistorischen Schätze der Eifel. Seine berühmte Innenausstattung aus mehreren Jahrhunderten vermittelt ausgezeichnete Eindrücke über die deutsche Wohnkultur seit der Zeit der Spätgotik.

Montabaur ㉟, das schon auf eine 1000jährige Geschichte zurückblicken kann, war einstmals Grenzfeste und Vorposten von Kurtrier im Westerwald und erhielt 1291 Stadtrechte. Weithin sichtbar wird der Ort geprägt durch die ehemalige Burgbefestigung, die zuletzt im 18. Jahrhundert Bischof Franz Georg von Schönborn durch Johann Seitz zum barock angehauchten *Schloß* umbauen

ließ, in dem heute eine private Bildungsstätte residiert. Erwähnt werden soll auch eine der ältesten Kirchen des Westerwaldes, *Sankt Peter in Ketten* aus dem 14. Jahrhundert.

Münstermaifeld ㊱. Mitten im fruchtbaren Maifeld in der östlichen Eifel erhebt sich eine der kleinsten Städte Deutschlands mit einer weithin sichtbaren, ehemaligen *Stiftskirche* (erbaut um 1225–1322), die den Eindruck einer Festung macht und mit vielen alten Fresken sowie einem gemalten, etwa zehn Meter hohen Christopherus im Innern überrascht. Auf der Gemarkung des nahegelegenen Ortes Wierschem liegt die Burg Eltz ⑭ (siehe auch Seite 123).

Neumagen-Dhron ㊲. Nachweislich bis in die vorrömische Zeit der Treverer reicht die Geschichte dieses Weinortes an der Mittelmosel zurück. Hier stand einst mit 14 Türmen das namengebende Castrum Constantini Noviomagus. Die Grabungsfunde des zwi-

Links: Anmutige Leichtigkeit in der Meisterschaft der spätromanischen Baukunst verkörpert das «Paradies», ein der Abteikirche vorgelagertes Atrium im Kloster Maria Laach. – Mitte oben: Weithin sichtbares Wahrzeichen der Stadt Montabaur ist das Schloß, einst eine kurtrierische Grenzburg. – Mitte unten links: Blick auf die Choranlage der Zisterzienser-Abteikirche des Klosters Marienstatt. – Mitte unten rechts: Bürgerhäuser am Marktplatz von Mayen. – Oben: Das Mitte des 17. Jahrhunderts entstandene Haus «Zum römischen Kaiser» in Mainz.

schen 1877 und 1885 freigelegten *römischen Kastells* befinden sich im Rheinischen Landesmuseum zu Trier (siehe Seite 147 f.). Einige Abgüsse zieren allerdings auch die Straßen des kleinen Ortes Neumagen, wie das berühmte Weinschiff (siehe Seite 36) oder die Reliefquader «Römische Schule» und «Pachtzinszahlung».

Neustadt (Weinstraße) ㊳, Deutschlands größte Rebengemeinde. Seit der Verwaltungsreform in Rheinland-Pfalz hat Neustadt mit vielen Eingemeindungen umliegender Dörfer (Königsbach, Mußbach, Gimmeldingen, Haardt, Hambach, Diedesfeld, Lachen-Speyerdorf, Geinsheim und Duttweiler) ein anderes Gesicht – weit ins Land hinein – erhalten. Es ist damit neben seinen Sehenswürdigkeiten, etwa der Stiftskirche (Baubeginn 1368) oder dem einstmals als kleine Universität fungierenden Casimirianum (erbaut 1577) zu einem Zentrum der Weinkultur in der Pfalz geworden. Das hier alljährlich stattfindende Deutsche Weinlesefest, aber auch die Mandelblüte im Frühjahr zeugen von dem fast südländisch-milden Klima dieser Region.

Neuwied ㊴. Am Ende des Dreißigjährigen Krieges, 1648, begann Graf Friedrich II. von Wied mit dem Bau des *Schlosses Neuwied*, einer großzügig gestalteten Hufeisenanlage nach Versailler Vorbild, die jedoch erst Mitte des 18. Jahrhunderts vollendet wurde. Sehenswert ist auch die Kirche der Mennoniten, die seit 1680 hier siedeln durften, und ein Gemeindesaal der Herrnhuter Brudergemeinde vom Ende des 18. Jahrhunderts. Im nahegelegenen Niederbieber-Segendorf befindet sich *Schloß Monrepos*, in dem ein Museum mit eiszeitlichen und anderen Funden aus dem Neuwieder Becken eingerichtet wurde.

Oberwesel ㊵, die Stadt mit der malerischen und turmreichen Kulisse hat ihren mittelalterlichen Mauerzug noch fast vollständig

Oben: In der Gemeinde Seelbach im Rhein-Lahn-Kreis liegt auf einer Anhöhe das Kloster Arnstein mit seiner viertürmigen Kirche Sankt Maria und Nikolaus.

Links: Die Salvatorbasilika in Prüm, 1721 bis 1730 errichtet und in den Jahren nach dem Zweiten Weltkrieg wiederaufgebaut. Schmuckstück ihrer Fassade ist die Madonnennische über dem Mittelportal.

Oben: Blick von der Schönburg über Oberwesel, eine der schönsten Städte am Rhein, und das weite Flußtal. Im Vordergrund die Liebfrauenkirche.

Rechts Mitte: Das Jagd- und Lustschloß in Neuwied-Engers, 1759 bis 1762 an der Stelle einer kurtrierischen Burg errichtet.

Rechts unten: Der Nürburgring in der Eifel gehört zu den bekanntesten Autorennstrecken der Welt.

erhalten. Zu einem der schönsten Ortsbilder am Mittelrhein tragen nicht zuletzt die zu Beginn des 14. Jahrhunderts erbaute *Liebfrauenkirche* und die über der Stadt thronende Schönburg bei.

Oppenheim ㊶ besitzt mit der *Katharinenkirche* das schönste Bauwerk aus gotischer Zeit zwischen Straßburg und Köln. Über der heute vom Weinbau geprägten Stadt (mit einem Weinmuseum) und ihrem malerischen Marktplatz thront eine Ruine aus dem 13. Jahrhundert, die *Landskrone.* Aus Oppenheim stammt Paul Wallot (1841–1912), der Erbauer des Berliner Reichstagsgebäudes.

Otterberg ㊷. Mittelpunkt und Schmuckstück der kleinen Landstadt an der Otter, einem Nebenfluß der Lauter, ist die 1254 fertiggestellte mächtige ehemalige *Abteikirche der Zisterzienser.* Neben dem Dom zu Speyer ist sie das größte Gotteshaus der Pfalz.

Dem Einzug der Wallonen 1579, die als Glaubensflüchtlinge aus Frankreich und den Niederlanden kamen, verdankte die Stadt ihren wirtschaftlichen Aufschwung. Einige großartige Fachwerkhäuser, wie das Blaue Haus und das barocke Rathaus (1753) erinnern an diese Epoche.

Pirmasens ㊸ macht wegen seiner Lage inmitten von Wäldern eher den Eindruck einer Kur- als den einer modernen Industriestadt. Dennoch kann sich die Stadt mit gutem Grund Metropole der deutschen Schuhindustrie nennen. Im 18. Jahrhundert war Pirmasens unter dem Landgrafen Ludwig IX. von Hessen-Darmstadt zu einer Residenz gestaltet worden – mit einer Garnison, die damals von vielen Zeitgenossen als Spielzeug-Kaserne mit lebenden Soldaten bezeichnet wurde.

Prüm ㊹. Bekannt ist das Eifelstädtchen wegen seiner barocken *Salvatorbasilika*, die zu Beginn des 18. Jahrhunderts an die Stelle der gotischen Kirche der Benediktinerabtei getreten ist. Die Klostergebäude (aus dem 8. Jahrhundert) dieser einst bedeutenden Abtei dominieren noch heute den Ort.

Remagen ㊺. Der keltische Ursprung des römischen Kastells und die in der Romantik hochgeschätzte *Apollinariskirche* (gebaut von 1839–1843) dürfte heute vielen weniger geläufig sein als der Bezug zur neuesten Geschichte, der sich bei diesem Namen einstellt. Man denkt an die *Remagener Brücke*, die 1945 bis in die letzten Kriegstage hinein von den zurückweichenden deutschen Truppen gehalten wurde. Neben der großen Rheinhalle in der Stadt befindet sich die Kapelle zur Schwarzen Madonna, die im Jahr 1987 von ehemaligen Kriegsgefangenen in Erinnerung an den Zweiten Weltkrieg und seine Schrecken errichtet wurde.

Links: Der Dom von Speyer, der größte der drei rheinischen Kaiserdome, errichtet von den salischen Kaisern Konrad II., Heinrich III. und Heinrich IV. Der um 1030 begonnene Bau wurde im Jahr 1061 unter Heinrich III. geweiht. Im Bild die Westfassade des großartigen romanischen Gotteshauses.

Rhens ㊻. Das Weinbaustädtchen am Mittelrhein mit einem malerischen Rathaus (zum Teil aus dem 16. Jahrhundert) und alten Fachwerkhäusern besitzt auf einer Anhöhe ein merkwürdiges historisches Monument: den sogenannten *Königsstuhl.* Die rheinischen Kurfürsten trafen in Rhens nicht selten ihre Vorbereitungen zur Kaiserwahl und faßten 1338 im «Kurverein zu Rhense» den Beschluß, daß der von ihnen Gewählte, unabhängig von der päpstlichen Anerkennung, der rechtmäßige Herrscher des Heiligen Römischen Reiches sei.

Saarburg ㊼, mit den Resten der historischen Stadtbefestigung, hat sich noch manches aus dem alten Stadtbild bewahrt: Der Ort war traditionell durch Schiffahrt, Weinbau, aber auch durch Fischerei und Flößerei bestimmt. Im nahen Ort Serrig ließ Friedrich Wilhelm IV. die Reste des 1346 gefallenen Böhmenkönigs Johann aus Luxemburger Geschlecht beisetzen.

Schifferstadt ㊽. 1835 fand man hier auf einem Acker jenen *Goldenen Hut*, ein Fund aus der mittleren Bronzezeit, der heute im Historischen Museum der Pfalz in Speyer (siehe Seite 147) ausgestellt ist. Das Meisterwerk der Goldschmiedekunst ist jedoch keine Kopfbedeckung, sondern stellt ein Weihegefäß dar. Auf einem ganz anderen Sektor bedeutsam ist die Stadt heute wegen ihrer Rettiche aus der Umgebung, die auf den Großmärkten der gesamten Rhein-Neckar-Region gehandelt werden.

Simmern ㊾ ist Sitz des Rhein-Hunsrück-Kreises und einer Verbandsgemeinde von 32 Ortschaften. Die evangelische *Stefanskirche* mit ihren herausragenden Grabmälern der Herzöge von Pfalz-Simmern ist ebenso sehenswert wie der im Hunsrückmuseum im alten Schloß aufbewahrte Hut des Schinderhannes (eigentlich Johannes Bückler, etwa 1778–1803) und ein alter Pranger.

Wenige Kilometer östlich erhebt sich in Ravengiersburg das ehemalige Augustinerchorherrenstift *Sankt Christopherus* mit der überragenden romanischen Doppelturm-Fassade des Hunsrückdomes.

Speyer ㊿. Beherrscht wird das historische Zentrum der Stadt am Rhein vom *Kaiserdom* mit seiner eindrucksvollen Fassade. Von den Saliern erbaut (erste Weihe 1061), ruhen hier in der Gruft nicht weniger als acht Kaiser und Könige, samt ihren Gemahlinnen, sowie fünf Kanzler des Deutschen Reiches im Mittelalter. Der Dichter Victor Hugo schrieb in der ersten Hälfte des 19. Jahrhunderts: «Nichts ist großartiger, nichts erhabener, nichts in Deutschland und Europa heiliger als diese kaiserlichen Särge.»

Anlage am Rhein beordert, die einst Zollstelle war, damit er dem künftigen Herrscher «eineWohnung» erbaue. Schon der Serpentinenweg durch Schluchten und an einem Wasserfall vorbei den Berg hinauf bereitet das romantische Erlebnis vor: ein Lustschloß, das alle Annehmlichkeiten für die Gäste des Herrscherhauses in der Rheinprovinz bieten sollte.

Traben-Trarbach ⑤② ist eine typische Fremdenverkehrsstadt an der mittleren Mosel, mit Kur- und Badeeinrichtungen. Über Trarbach erheben sich heute noch die Reste der zwischen 1350 und 1357 errichteten *Grevenburg*. Die evangelische *Pfarrkirche* in Traben geht auf einen romanischen Gründungsbau aus dem 12. Jahrhundert zurück, während die evangelische Kirche in Trarbach ursprünglich eine spätgotische Hallenkirche war. Von dem Berliner Architekten

Mitte: Umgeben von stattlichen hohen Bürgerhäusern durchfließt der Leukbach das Zentrum von Saarburg. Im Bild der gut 20 Meter hohe Wasserfall inmitten der verwinkelten Altstadt.

Rechts: Das von Bruno Möhring 1899 im historisierenden Stil erbaute Brückentor in Traben Trarbach.

Von der berühmten jüdischen Gemeinde ist das 1129 datierte *Judenbad* aus Deutschlands ältester Synagoge aus romanischer Zeit erhalten. Die Stadt mit ihrer vom *Altpörtel* – eines der schönsten Stadttore Deutschlands (13. Jahrhundert) – auf den Dom zulaufenden Magistrale, der Maximilianstraße, war im Mittelalter ein reichsgeschichtliches Machtzentrum mit Entscheidungen von zum Teil globaler Tragweite, etwa im Protestationsreichstag von 1529, der das Wormser Edikt quasi für ungültig erklärte und die Kirchenspaltung noch verfestigte. Die Gedächtniskirche der Protestation (erbaut von 1893–1904) erinnert an dieses Ereignis. Es gibt jedoch in Speyer auch ein Gotteshaus der Versöhnung, die Bernharduskirche (von 1953/1954), die dazu beitragen soll, Franzosen und Deutsche einander näher zu bringen. Im *Historischen Museum der Pfalz* sind beachtliche Funde aus der Vor- und Frühgeschichte, der Römerzeit, dem Mittelalter und der Neuzeit zu besichtigen. Besonders erwähnenswert sind auch die Judaica und das berühmte, älteste Weinmuseum Deutschlands.

Burg Stolzenfels ⑤① am Rhein ist ein «Produkt» der Burgen- und Rheinromantik des preußischen Kronprinzen und späteren Königs Friedrich Wilhelm IV. Kein Geringerer als Karl Friedrich von Schinkel (1781–1841) wurde von ihm zu einer mittelalterlichen

Bruno Möhring stammt nicht nur das eigenwillige historisierende *Brückentor* (1899), sondern auch das eine oder andere herrliche Jugendstilhaus im Stadtzentrum.

Treis-Karden ⑤③. Der Winzerort an der unteren Mosel ist wegen der markanten Kirche des ehemaligen *Sankt-Kastor-Stifts*, das seit dem frühen Mittelalter eines der Zentren der trierischen Kirche war, bedeutend. Am Rand von Treis vereinigen sich der Flaum- und der Dünnbach, die dann in die Mosel münden. Zwischen den Tälern der beiden Flüsse künden die Ruinen der Burg Treis (11. Jahrhundert) und der Wildburg (12. Jahrhundert) von der Vergänglichkeit der Macht von Erzbischöfen und Adelsgeschlechtern.

Trier ⑤④. Vor über 2000 Jahren gegründet, gilt die Bischofs- und Universitätsstadt an der Mosel als älteste Stadt Deutschlands. Ihre Sehenswürdigkeiten aus der Römerzeit sind zu Schulbuchabbildungen geronnen: Porta Nigra, Konstantinsbasilika, Kaiserthermen, Amphitheater. Das antike «Rom des Nordens», wie Trier genannt wurde, war im Mittelalter Metropole einer bis nach Frankreich ausgedehnten Kirchenprovinz und Hauptsitz eines bis zum Westerwald reichenden Kurstaates, als dessen Hauptvertreter im 14. Jahrhundert Kurfürst Balduin von Luxemburg gilt. Der frühro-

manische *Trierer Dom* ist die älteste deutsche Bischofskirche. Seine Geschichte reicht 1600 Jahre zurück. Mit ihm verbunden ist der gotische Zentralbau der *Liebfrauenkirche*. In dessen unmittelbarer Nähe befinden sich das Palais Kesselstadt aus dem 18. Jahrhundert, auf dem Marktplatz die Sankt-Gangolf-Kirche, die spätgotische *Steipe*, das ehemalige Versammlungs- und Ballhaus der Trierer Ratsherren, und das berühmte Marktkreuz als Symbol einer gegen die Macht des Erzbischofs gerichteten bürgerlichen Freiheit. Bedeutsam außerhalb des Zentrums liegt über einem römischen Gräberfeld und einem frühchristlichen Friedhof die Benediktinerabtei *Sankt Matthias* (aus dem 12. Jahrhundert), erbaut über dem einzigen Apostelgrab nördlich der Alpen. Erwähnenswert ist auch die alte Römerbrücke sowie das Karl-Marx-Haus in der Brückenstraße 10, wo der Vater des «wissenschaftlichen Sozialismus» 1818 das Licht der Welt erblickte; heute dient es als Museum und der Friedrich-Ebert-Stiftung zu Forschungszwecken.

In der westlichen Nähe Triers befindet sich die *Igeler Säule*, das Grabmal einer «betuchten» römischen Tuchmacher- und Handwerkerfamilie aus dem 3. Jahrhundert; 22 Meter hoch, enthält sie in ihren Reliefs Darstellungen aus dem Leben der Stifterfamilie.

Wittlich (55). Die ehemalige Kurtrierische Amtsstadt hat mit ihrem Marktplatz noch etwas vom Flair eines alten Landstädtchens in bäuerlicher Umgebung bewahrt. Neben der *Pfarrkirche*, ein typisch gotisierender Bau des Trierer Barocks (um 1720), mit einem prächtigen Chorgestühl, ist besonders das Wittlicher *Rathaus* berühmt, dessen Fassade die schönsten Formen deutscher Spätrenaissance aufweist. Die Säubrenner-Kirmes erinnert alljährlich im Spätsommer an die Eroberung und Zerstörung Wittlichs 1397.

Worms (56). Der sechstürmige *Dom Sankt Peter und Paul*, mit dessen Bau Bischof Burchard I. (1000–1025) begann, ist neben den Domen von Mainz (30) und Speyer (50) eines der bedeutendsten Denkmäler des frühen und hohen Mittelalters. Als einer der Hauptorte des Burgunderreiches stand die Stadt im Mittelpunkt der Nibelungensage, so daß man zu Beginn unseres Jahrhunderts unmittelbar an ihrer Schiffsanlegestelle ein großes Standbild errichtete, das Hagen von Tronje zeigt, wie er den Nibelungenhort im Rhein versenkt. Das Nibelungenlied entstand zu der Zeit, als Worms auf mancherlei Reichstagen ins Zentrum der abendländischen Politik rückte. Worms ist aber auch die Stadt mit einer der ältesten und bedeu-

Bilder aus Worms, das wegen seiner bedeutenden jüdischen Gemeinde im Mittelalter auch «Klein-Jerusalem» genannt wurde.

Links oben: Der Heylshof, das neubarocke Palais des Industriellen von Heyl, beherbergt heute eine reiche Kunstsammlung.

Links unten: Die Judengasse im ehemaligen jüdischen Viertel im Norden der Altstadt.

Mitte: Der alte Friedhof am «Heiligen Sand», mit seinen Grabsteinen aus dem 11. und 12. Jahrhundert der älteste jüdische Friedhof Europas.

Rechts oben: Trauerhalle des neuen jüdischen Friedhofs in Worms-Hochheim.

Rechts unten: Die Synagoge in der Judengasse mit der Raschi-Kapelle.

tendsten jüdischen Gemeinden Europas. Der in der Nähe der Magnus- und Andreaskirche liegende älteste *Judenfriedhof* des Kontinents mit vielen Grabsteinen aus dem 11. und 12. Jahrhundert war eine Pilgerstätte für Juden aus aller Welt – bis hin zum Holocaust. Seit Beginn der siebziger Jahre ist das frühere Judenviertel in der Altstadt umfassend saniert worden. Die *Synagoge*, mit ihrem Ritualbild von 1186, ist nach der Zerstörung durch die Nazis in der «Reichskristallnacht» 1938 zwischen 1959 und 1961 wieder aufgebaut worden.

Bemerkenswert ist auch die am Rande der Weinberge stehende gotische *Liebfrauenkirche* (erstmals erwähnt im 13. Jahrhundert), der der einst berühmte Tropfen «Liebfrauenmilch» seinen Namen verdankt. Das Backfischfest im Sommer erinnert an die alte Fischerzunft mit ihren kleinteiligen Behausungen in der Altstadt.

Zell ⑰ ist mit seinen weinbautreibenden Vororten und der dort erzeugten «Schwarzen Katz», die nicht weniger als 16 Einzellagen in einer Markenbezeichnung vereint, schon in römischer Zeit ein strategisch wichtiger Punkt gewesen; denn *cellae* bedeutet nichts anderes als eine Rast mit Vorratslager. Neben den mittelalterlichen Gäßchen mit vielen gemütlichen Weinlokalen ist besonders die nahe gelegene *Marienburg* erwähnenswert, die sich heute im Besitz des Bistums Trier befindet. Nicht selten liegt die Stadt jedoch, zumal im Winter und Frühjahr, wegen des Hochwassers nicht *an*, sondern *in* der Mosel.

Zweibrücken ⑱. Im Sommer verwandelt sich die Stadt, deren Geschichte bis ins 12. Jahrhundert zurückreicht, in eine duftende Rosenmetropole. Der *Rosengarten*, die Lunge der alten Herzogstadt in der Westpfalz, ist mit seinen weit über 1000 Rosenarten und etwa 100 000 Pflanzen eines der größten Rosarien Europas. Die «Stadt der Rosen und Rosse», wie sich Zweibrücken gerne werbewirksam nennt, ist außerdem stolz auf ein berühmtes Landgestüt aus dem 18. Jahrhundert, aus dessen Zucht sogar Napoleon bei der Schlacht von Wagram ein Exemplar unter seinem Sattel hatte. Viele Erinnerungen verbindet die Stadt mit dem Schwedenkönig Karl XII. (1697–1718), unter dessen Krone sie zeitweilig stand. Auf ihn geht etwa der Bau der Karlskirche (1708–1711) und auf Karls Nachfolger Herzog Gustav Samuel Leopold (1718–1731) das *Schloß*, der größte profane Barockbau der Pfalz, zurück.

Rhein und Rheinromantik

Warum ist es am Rhein so schön? So fragt ein Schlager, der immer wieder von Reisegesellschaften angestimmt wird, die sich per Bus oder per Schiff durch Deutschlands romantischstes Tal bewegen. Am intensivsten wird die landschaftliche Schönheit im rheinland-pfälzischen Teil des europäischen Stromes erlebt, zumal von Mainz über Bingen und die Loreley nach Koblenz, eine Route, die für Touristen aus der alten und neuen Welt sozusagen zum Pflichtpensum gehört, auch wenn sie selbstverständlich als Kür empfunden wird. Doch die Rheinromantik bringt auch Probleme mit sich: Das bekommen zum Beispiel jene Touristen zu spüren, die etwa in so berühmten Orten wie Bacharach oder Oberwesel übernachten – in unmittelbarer Nachbarschaft zur meistbefahrenen Bahnstrecke Europas ist auch nachts an Schlaf kaum zu denken, es sei denn, man hat in ausreichendem Maße dem Rheinwein zugesprochen.

Die Rheinromantik selbst fing wie manches andere mit Goethe an, mit seiner Rheinreise, die er im Sommer 1774 mit Johann Bernhard Basedow (1724–1790) und Johann Kaspar Lavater (1741–1801) von Bad Ems kommend, unternahm: die beiden Propheten rechts und links und er, «das Weltkind in der Mitten.» Angesichts der malerischen Ruine der Burg Lahneck schrieb er das Gedicht «Rheingruß», in dem die Begriffe Rhein, Ruine, Ritter, Vergangenheit und «deutsche Größe» als Elemente einer Stimmung zusammengereimt werden, die mitten aus dem Zeitalter der Aufklärung heraus eine spätere Epoche von Dichten und Denken vorwegnimmt sowie die Motive lyrischer Rheinverklärung. Der Eingangsvers: «Hoch auf dem alten Turme steht / des Helden edler Geist» klingt dramatisch. Dieser Held, der seine Knochen «voll von Rittermark» und seinen «Becher angefüllt» hat, gibt dem wandelnden Menschenschifflein das Motto mit auf den Weg: «Fahr immer, immer zu!»

Daß seit ungefähr 1800, also in der Zeit, als das linke Rheinufer französisch war und am Strom sich beiderseits Schmugglerbanden bildeten, die Dichter, die Maler und vor allem die Reiseschriftsteller das enge Tal und das Land um dieses Tal herum anders erlebten und gewissermaßen neu entdeckten, hängt nicht zuletzt mit dem Wandel des rationalistischen Weltbilds zusammen, der sozusagen ein neues Naturgefühl zuließ, in dem die Werte von einer unberührten Landschaft einen besonderen Rang einnehmen. Dieser Wandel stellte die gemüthaften Komponenten, die Phantasie und auch das Prinzip Geschichtlichkeit (nicht zuletzt in einer gewissen Ruinensehnsucht) in den Vordergrund. Dadurch gelangten jene Symbolwerte des romantischen Flusses in den Mittelpunkt, die wie der Hort im Rhein eine andere Sehnsucht als die nach rein pragmatischer Lebensweise verkörperten – eines Stromes, in dem ein Arnim, Brentano oder Schlegel «das treue Bild unseres Vaterlandes, unserer Geschichte und unseres Charakters» zu erkennen glaubten. Der am meisten dem Rhein «verfallene» Romantiker, Clemens von Brentano (1778–1842), der mit dem Strom in seiner Dichtung etwas von der Dämonie des Eros verband, erfand die Geschichte von der schönen Loreley, der Zauberin am Rheine, die ein ganz anders veranlagter passionierter Rheinländer, Heinrich Heine, in die Form brachte, die von Philipp Friedrich Silcher (1789–1860) vertont wurde. Text und Melodie können noch heute japanische Gäste bis in die höchsten Spitzen des Staates auswendig mitsingen:

Die Luft ist kühl und es dunkelt
Und ruhig fließet der Rhein
Der Gipfel des Berges funkelt
im Abendsonnenschein

Besonders der politisch-patriotische Aspekt der Rheinromantik hat aber über Heine hinaus und von ihm gewiß ungewollt in zukünftige Entwicklungen hineingewirkt, obgleich auch er in Ansätzen in seiner Gleichsetzung von Rhein und Deutschtum bis zum Huma-

nismus zurückverfolgt werden kann. Doch bedurfte es der Ereignisse in den Befreiungskriegen mit dem Übergang Blüchers bei Kaub bei der Verfolgung Napoleons, daß die Woge der vaterländischen Begeisterung überschwappte, um die Rheinromantik zu einem höchst politischen und fragwürdigen nationalistischen Faktum werden zu lassen. So geriet der Strom – und nicht allein durch seine Lage – schnell zwischen die Fronten und wurde als Stimulans für die Kriegsbegeisterung gegen den «Erbfeind» von 1870 und 1914 benutzt – nach dem Motto: «Sie sollen ihn nicht haben: den freien deutschen Rhein.» Das Ende der Auffassung vom «heiligen Strom» besiegelte neben der Aufbereitung zum Massenkonsum in der Gegenwart die Verunstaltung der pittoresken Rheinlandschaft zum Vergnügungspark. Dies ahnte bereits vor über 50 Jahren der

Lyriker, Roman- und Kinderbuchautor Erich Kästner, der das Bild vom mythenbeladenen Rhein mit seinem Gedicht «Handstand auf der Loreley» (1932) ironisch brach:

Die Loreley, bekannt als Fee und Felsen,
ist jener Fleck am Rhein, nicht weit von Bingen,
wo früher Schiffer mit verdrehten Hälsen,
von blonden Haaren schwärmend, untergingen.

Wir wandeln uns. Die Schiffer inbegriffen.
Der Rhein ist reguliert und eingedämmt.
Die Zeit vergeht. Man stirbt nicht mehr beim Schiffen,
bloß weil ein blondes Weib sich dauernd kämmt.

Nichtsdestotrotz geschieht auch heutzutage
noch manches, was der Steinzeit ähnlich sieht.
So alt ist keine deutsche Heldensage,
daß sie nicht doch noch Helden nach sich zieht.

Erst neulich machte auf der Loreley
Hoch überm Rhein ein Turner einen Handstand!
Von allen Dampfern tönte Angstgeschrei,
als er kopfüber oben auf der Wand stand.

Er stand, als ob er auf dem Barren stünde.
Mit hohlem Kreuz. Und lustbetonten Zügen.
Man frage nicht: Was hatte er für Gründe?
Er war ein Held. Das dürfte wohl genügen.

Er stand, verkehrt, im Abendsonnenscheine.
Da trübte Wehmut seinen Turnerblick.
Er dachte an die Loreley von Heine.
Und stürzte ab. Und brach sich das Genick.

Er starb als Held. Man muß ihn nicht beweinen.
Sein Handstand war vom Schicksal überstrahlt.
Ein Augenblick mit zwei gehobnen Beinen
ist nicht zu teuer mit dem Tod bezahlt!

PS. Eins wäre allerdings noch nachzutragen:
Der Turner hinterließ uns Frau und Kind.
Hinwiederum, man soll sie nicht beklagen.
Weil im Bezirk der Helden und der Sagen
die Überlebenden nicht wichtig sind.

Naturparks

Wegen seines großen Waldreichtums ist Rheinland-Pfalz ein geradezu ideales Land für Naturparks, jene großräumigen, durch natürliche Eigenart, Schönheit und ihren Erholungswert herausragenden Landschaften. Nicht weniger als sechs solcher geschlossenen Gebiete, die vieles von der urtümlichen Vegetation bewahrt haben, weist Rheinland-Pfalz in seinen Grenzräumen und Mittelgebirgslagen auf, allen voran der *Naturpark Pfälzer Wald* ⑲, der mit einer Fläche von etwa 1800 Quadratkilometern – hinzu kommen noch einmal 5000 Hektar des Landschaftsschutzgebiets Donnersberg – mehr als ein Viertel der gesamten Pfalz bedeckt und damit das größte zusammenhängende Waldgebiet des westlichen Deutschlands darstellt.

Zwischen den Ballungsräumen Rhein-Ruhr und Rhein-Main liegt der *Naturpark Nassau* (60), 550 Quadratkilometer groß und seit 1963 ausgewiesen. Sein landschaftliches Zentrum ist das untere Lahntal zwischen Diez/Fachingen und der Mündung der Lahn bei Lahnstein. An ihrem Ufer befinden sich die Burgen, Klöster und Städte Balduinstein, Arnstein, Nassau, der Geburtsort des Freiherrn vom Stein, Dausenau und Bad Ems, das auch durch die Emser Depesche von 1870 Berühmtheit erlangte. Im Naturpark Nassau findet man aber auch Reste des römischen Limes mit dem Steinkastell Holzhausen auf der Haide, übrigens dem Geburtsort des Erfinders des nach ihm benannten Otto-Motors. Mehrere 100 Kilometer an Wanderwegen erschließen die Naturregion, die in Gackenbach im Gelbachtal einen Hochwildschutzpark besitzt.

500 Quadratkilometer groß, umfaßt der *Naturpark Rhein-Westerwald* (61) das Rheintal zwischen Leutesdorf, Rheinbrohl, Bad Hönningen, Leubsdorf, Linz, Erpel, Unkel (der letzte Wohnsitz von

Das neugotische Schloß Marienfels bei Remagen. Mit der burgähnlichen, zwischen 1906 und 1908 errichteten Wohnanlage verwirklichte der Industrielle Arnold von Guilleaume seinen Traum von Rheinromantik.

Willy Brandt) und Rheinbreitbach sowie den westlichen Beginn des Westerwaldes mit dem 448 Meter hohen Basaltkegel des Meerberges und auch die Landschaften südlich des Siebengebirges bis zum Becken um Neuwied.

Der *Naturpark Saar-Hunsrück* ⑥②, erst 1980 begründet, liegt im Rechteck der Städte Trier, Idar-Oberstein sowie Sankt Wendel und Merzig im Saarland. Mit seinem etwa hälftigem Anteil auf rheinland-pfälzischem Gebiet und mit den höchsten Erhebungen des Idarwaldes im Hunsrück, dem Erbeskopf (816 Meter), der in preußischer Zeit als König der Rheinlande bezeichnet wurde, dem Idarkopf (745 Meter) und dem Teufelskopf (695 Meter), ist er in schneereichen Wintern das beständigste Skiparadies in Rheinland-Pfalz.

1971 wurde der *Naturpark Nordeifel* ⑥③, in Nordrhein-Westfalen geschaffen und ausgewiesen, durch ein Verwaltungsabkommen zwischen Düsseldorf und Mainz nach Süden auf rheinland-pfälzisches Gebiet ausgeweitet. Im übrigen reicht dieser zweite europäische Naturpark in das Königreich Belgien hinein: nach Eupen im Nordwesten und Veviers, Malmedy, Bütgenbach und St. Vith im Westen.

Ein besonderes Kleinod stellt der *Naturpark Südeifel* ⑥④ dar, der die westlichen Bereiche der Kreise Bitburg, Daun und Trier-Land umfaßt und vor allem geprägt ist durch das mit vielen Natur- und Kunstdenkmälern ausgezeichnete Ferschweiler Plateau, mit seinen tiefen Einschnitten, Schluchten, zerklüfteten Felsen und den eiskalten Quellen, aber auch den seltenen Menhiren und mancherlei Hinterlassenschaften aus der keltisch-römischen Epoche. Begünstigt durch ein fast südländisches Klima gibt es hier noch an die hundert Arten von Erdorchideen und Flechten sowie Moose in großer Fülle, daneben seltene Greifvogelarten, den Roten Milan, die Wasseramsel, den Eisvogel und Fischreiher: ein Paradies aber nicht nur für Biologen und Ornithologen.

Eine besondere Bedeutung kommt dem 1964/1965 begründeten *Deutsch-Luxemburgischen Naturpark* ⑥⑤ zu. Als erstem grenzüberschreitenden und völkerverbindenden Naturpark hat ihn der Europarat in Straßburg seit 1973 wiederholt mit einem besonderen Europa-Diplom ausgezeichnet. Im Grunde ist er eine Vereinigung des 440 Quadratkilometer großen Naturparks Südeifel mit einem fast ebenso großen Bereich zwischen dem luxemburgischen Echternach und der «kleinen Schweiz», dem Stausee bei Vianden und dem Ort Clervaux im Tal der Clerve. Vielbesuchte Wander- und Ausflugsziele, aber auch Wallfahrten wie die berühmte Echternacher Springprozession am Pfingstdienstag zum Grab des heiligen Willibrord, machen bewußt, wie aus einer einstmals hart umkämpften Grenzregion eine europäische Zone geworden ist, die den Menschen aus den industriellen Ballungsgebieten in der Begegnung mit Landschaft, Geschichte und Kultur Besinnung, Ruhe und Frieden verschafft.

Museen und Sammlungen

Obgleich zu Beginn des 19. Jahrhunderts riesige Kunstsammlungen aus den linksrheinischen Gebieten auf das rechte Rheinufer «verbannt» wurden (etwa die große kurfürstlich-mainzische nach Aschaffenburg), ist die heutige Museumslandschaft Rheinland-Pfalz außerordentlich reichhaltig und vielfältig. Neben dem international bedeutenden *Römisch-Germanischen Zentralmuseum Mainz*, seit 1852 aus den Sammlungen des Altertumsvereins hervorgehend und im Lauf der Jahrzehnte zu einer wissenschaftlichen Musteranstalt für Restaurierungsarbeiten an Funden aus aller Welt emporwachsend, gibt es über verschiedene Gemäldegalerien, Spezialsammlungen, Kreis- und Heimatmuseen hinaus auch die eine oder andere bemerkenswerte Kuriosität: so zum Beispiel ein Mausefallen-Museum in dem kleinen Eifelort Neroth, das daran erinnert, wie in dieser strukturschwachen Region einst der Hausierhandel in die Nachbarregionen blühte.

Über 220 Museen und Sammlungen zeugen von der kulturellen Vielfalt des Landes. Ihre Zentren sind selbstverständlich die großen Städte Mainz und Trier, Speyer, Worms und Koblenz und für die Moderne Kaiserslautern, Ludwigshafen und schließlich der *Bahnhof Rolandseck*, der 1971 in den Besitz des Landes kam und als Denkmal aus der Gründerzeit der Eisenbahn zu einem kreativen Entfaltungsraum in der Nähe Bonns geworden ist: sozusagen der letzte und markante rheinland-pfälzische Gegenakzent zum politisch-umtriebigen Raumschiff Bonn. In einer Liste charakteristischer rheinland-pfälzischer Museen wäre für die Römerzeit das *Rheinische Landesmuseum* in Trier neben der entsprechenden Abteilung in der Steinhalle des *Landesmuseums Mainz* an erster Stelle zu nennen, daneben das *Historische Museum der Pfalz* in Speyer. Das *Landesmuseum* in Koblenz auf dem Ehrenbreitstein besitzt eine Sammlung technischer Kulturdenkmäler, während das *Mittelrhein-Museum* vorwiegend mittelalterliche Plastik, aber auch viele Meisterwerke niederländischer Maler sowie eine ausgesuchte Kollektion des barocken Meisters Januarius Zick enthält. Kaiserslautern hat in seiner *Pfalzgalerie* vor allem die Kunst und das Kunsthandwerk seit dem 19. Jahrhundert dokumentiert, und das *Wilhelm-Hack-Museum* in Ludwigshafen hat sich vorwiegend auf den deutschen Expressionismus spezialisiert.

Bei den landschaftstypischen Sammlungen sei an erster Stelle das neue, Furore machende *Keramik-Museum* in Höhr-Grenzhausen auf dem Westerwald erwähnt, das dem heimischen Steinzeug der Region und weit darüber hinaus gewidmet ist und sich stark für die Kultur des ganzen Umfeldes einsetzt. Rührig in dieser Hinsicht ist auch das mehr bodenständige *Landschaftsmuseum Westerwald* in Hachenburg, das außer der Vor- und Frühgeschichte besonders die Volkskunde dieser traditionellen Bergwerksregion und die der abgelegenen Gehöfte dokumentiert. Ein typisches Industriemuseum ist in Bendorf am Rhein mit der Sammlung des Sayner Eisengusses entstanden, und das *Pfalzmuseum für Naturkunde* in Bad Dürkheim vermittelt reichen Aufschluß über die Mineralogie, die Paläontologie und die Fauna der Pfalz, während das *Naturhistorische Museum* in Mainz neben seinen Exponaten die Funde aus der Vor- und Frühzeit der Erd- und Menschheitsgeschichte am Eckfelder Maar in der Eifel erforscht – vielleicht stellen sie einmal die in der Grube Messel bei Darmstadt gemachten Fossilienfunde in den Schatten.

Zu den landschaftstypischen Sammlungen gehören weiterhin das *Edelsteinmuseum* in Idar-Oberstein ebenso wie das *Schuhmuseum* in Pirmasens oder das *Eifeler Landschaftsmuseum* in Mayen. Auch das *Deutsche Weinbaumuseum* in Oppenheim, das erst einige Jahrzehnte alt ist und die weinbaugeschichtliche Sammlung im Historischen Museum der Pfalz in die neueren Zeiten hinein fortsetzt, ist zu nennen. Erwähnt seien noch das *Schloßparkmuseum* in Bad Kreuznach mit zwei bedeutenden Funden, dem Okeanos- und Gladiatorenmosaik, sowie das *Kunsthaus Heylshof* in Worms, das neben Glasmalerei einen Gemäldebestand aus dem 15. bis 19. Jahrhundert aufweist. Nicht vergessen werden darf außerdem das *Gutenberg-Museum* in Mainz, das sich stolz als Weltmuseum der Druckkunst bezeichnen kann. Zwei *Freilichtmuseen* sind außerdem im rheinland-pfälzischen Zeiten begründet worden: in Sobernheim in einer anmutigen Tallandschaft und im Roscheider Hof zu Konz bei Trier.

Aber auch die kirchlichen Museen tragen viel zur unverwechselbaren Kulturlandschaft in Rheinland-Pfalz bei: vor allem die *Dom- und Diözesanmuseen* in Trier und Mainz sowie das *Sankt-Nikolaus-Hospital* in Bernkastel-Kues mit der Bibliothek des großen Humanisten Cusanus (siehe auch Seite 63). Schließlich sei noch auf die *Slevogt-Galerie* in Neukastel sowie auf die *Slevogt-Sammlung im Schloß Ludwigshöhe* in der Pfalz (siehe Seite 122) verwiesen.

Sommerliche Flußlandschaft im Gelbachtal. Sie ist Teil des 550 Quadratkilometer großen Naturparks Nassau, der sich im Westerwälder Land zwischen Montabaur und der Lahn erstreckt.

Ein kräftiges «Helau» begrüßt alljährlich die «Määnzer Fassenachter» bei der närrischen Veranstaltung «Mainz bleibt Mainz, wie es singt und lacht», die stets mit der Frage beginnt: «Wolle mer se roilasse?»

Feste und Gäste, Fastnacht und Kirchweih

Der rheinland-pfälzische Festkalender ist das ganze Jahr über gespickt mit Möglichkeiten, sich in romantisch-anheimelnder Umgebung den verschiedensten Freizeitgenüssen hinzugeben. Einige von diesen haben bundesweit, ja europaweit, nicht zuletzt durch die Fernsehsendung «Mainz bleibt Mainz, wie es singt und lacht», Aufmerksamkeit gefunden: die Fassenacht in Rheinhessen und der Karneval (samt «Weiberfastnacht») in den nördlichen Teilen des Landes.

Die in der Fastnacht fast heilige Zahl ELF der Narren bedeutet keineswegs die Abkürzung für die Postulate der Französischen Revolution von Egalité, Liberté und Fraternité, sondern ist eben jene Zahl, welche die ehernen zehn göttlichen Gebote um eins übersteigt. Diese Vorstellung von der besonderen Bedeutung der ELF hat am Mittelrhein zudem noch eine Verankerung in den Visionen der Hildegard von Bingen. Verband sich doch bei ihr die elfte ihrer «Schauungen» mit der Endzeit und dem Antichrist, also mit der Mahnung an das Schlagen der letzten Stunde, so daß sie die zwölfte Vision chronologisch und theologisch aufschlußreich dem Weltuntergang und dem Blasen zum letzten Gericht widmete. Bei allen Veränderungen des fastnachtlichen Brauchtums seit dem 19. Jahrhundert ist die Einbindung in den christlichen Festkalender niemals aufgegeben worden, auch wenn gerade am Mittelrhein besonders der politisch-literarische Karneval gepflegt wurde, der freilich heute in einer «Krise» zu stecken scheint, mißt man seine Bedeutung an der Anwesenheit der politischen Prominenz im Kurfürstlichen Schloß zu Mainz. Im übrigen sei daran erinnert, daß der Fastnachtsruf «Helau» vermutlich eine Verballhornung des Halleluja in der christlichen Liturgie darstellt.

Doch nun von der «Helau»-Forschung zurück zu den anderen rheinland-pfälzischen Festen! Da gibt es den Dürkheimer «Worschtmarkt», das größte Weinfest der Welt, das berühmte Neustädter Weinfest mit der Wahl der deutschen Weinkönigin, in Worms das Backfischfest, in Andernach das der Bäckerjungen und das Hansenfest in Sankt Goar, das noch mit einer nachempfundenen Gildentracht der Mitglieder des Internationalen Hansenordens auffällt. Man besuche den Lukasmarkt in Mayen, die verschiedenen Kerwe- oder Kirmesfeste im Süden wie im Norden des Landes, außerdem das Geißbockfest in Deidesheim, den «Rhein in Flammen» mit seinem Feuerzauber, das Blütenfest in Bad Ems oder die Festivals auf der Loreley. Fast jede Burg oder jeder Besitzer einer solchen veranstaltet inzwischen irgendeine nostalgische Festivität, und es gibt kaum ein Stadtviertel, ja kaum noch eine charakteristische Straße (wie etwa der Kellerweg in Guntersblum), wo nicht einmal oder mehrmals im Jahr gefeiert wird. Im wörtlichen Sinn gibt es

tausend und abertausend Anlässe, Rheinland-Pfalz auf diese Weise kennenzulernen, gekrönt inzwischen von dem Rheinland-Pfalz-Tag sowie dem rheinland-pfälzischen Kultursommer, der 1992 zum ersten Mal veranstaltet wurde. Regelmäßig beschwert sich denn auch der Gaststättenverband, daß besonders sommers die Gastronomie an einheimischen Gästen notleide, da diese alle bei einem Fest mitwirkten und dort selbstverständlich (oft ehrenamtlich) zubereitete Speisen und erst recht die heimischen Getränke zu ehrlichen, das heißt niedrigen Preisen zu sich nähmen: den Schoppen Wein zu einsfünfzig. Feste und Gäste, Fastnacht und Kirchweih: ein unerschöpfliches Thema in Rheinland-Pfalz mit seinem lebenslustigen Menschenschlag. Und selbst das Hambacher Fest 1832 war mit deftigen Trink- und Brotzeiten garniert, so daß kein Geringerer als Theodor Heuss beim 100jährigen Jubiläum 1932, die Freiheitsidee der Pfälzer und übrigen Deutschen beschwörend, mahnte: «Macht mir keinen Dürkheimer Worschtmarkt daraus!»

Register

Kursive Ziffern verweisen auf Abbildungen

Personenregister

Adolf von Nassau 59, 62
Albrecht von Brandenburg, Kurfürst 141
Albrecht von Österreich 59, 62
Altmeier, Peter 35, *42*, 72, 141
Andres, Stefan 1, *93*, 100, 119
Arnim, Achim von 150
Arnim, Bettine von 90

Baggesen, Jens 84
Balduin von Luxemburg, Kurfürst 147
Basedow, Johann Bernhard 150
Beatrix von Burgund 58, 59
Bernhard von Clairvaux 58, 59, 124
Bismarck 44, 53
Bloch, Ernst 12
Blücher, Marschall 124, 150
Boden, Wilhelm 72
Boettcher, Christian Eduard *88*
Bonifatius, Heiliger 56, *59*
Brentano, Clemens von 141, 150
Buber, Martin 59
Bückler, Johannes → Schinderhannes
Burchard, Bischof 57, 58, 148

Casimir, Johann 124
Chagall, Marc 142
Cusanus, Nikolaus 10, 36, *59*, 63, 153
Custine, General 39

Diether von Isenburg, Kurfürst 66

Ebhardt, Bodo 142
Elisabeth Charlotte (Liselotte von der Pfalz), Herzogin von Orleans *40*

Feuerbach, Anselm *93*
Forster, Georg 39, *93*
Friedrich I. Barbarossa, Kaiser 124
Friedrich II., Kaiser 120
Friedrich Wilhelm IV., König 147

Gärtner, Friedrich von 122
Gensfleisch, Johannes → Gutenberg, Johannes
George, Stefan 74, *93*
Gerhard II. von Eppstein 57
Goethe, Johann Wolfgang von 10, 39, 43, 70, 88, 95, 150
Görres, Johann Joseph *93*, 141
Gustav Samuel, König von Schweden 149
Gutenberg, Johannes 12, 36, *60*, 63, 66, 141

Hack, Wilhelm 141
Hagen von Tronje 148
Hartmann, Johann Adam 122
Heine, Heinrich 150
Heinrich III., Kaiser 59
Heinrich IV., Kaiser 59, 62
Henkels, Walter 72
Henneberg, Berthold von 66
Heuss, Theodor 124, 155
Hildegard von Bingen *58*, 154
Hofmann, Josef Andreas 43
Hontheim, Johann Nikolaus von 67
Hugo, Victor 92, 146

Immermann, Karl 89

Karl der Große 13, 57, 90
Karl IV., Kaiser *29*
Karl Theodor, Kurfürst 123
Karl V., Kaiser 58
Karl XII., König von Schweden 149
Kästner, Erich 9, 150
Ketteler, Wilhelm Emanuel Freiherr von 44, *62*
Keverich, Maria Magdalena 141
Kleist, Heinrich von 89
Kohl, Helmut 72, 74
Konrad der Rote, Herzog 58
Konrad II., Kaiser 58, 59
Konstantin, Kaiser 99, 122
Kues, Nikolaus von → Cusanus

Langgässer, Elisabeth *93*, 120
Laube, Heinrich 92
Lavater, Johann Kaspar 150
Leibniz, Gottfried Wilhelm 63
Lenz, Jakob Michael Reinhold 141

Ludwig XIV., König von Frankreich 38, 43
Luther, Martin *40*, 58, 66, 67

Marx, Karl 12, 44, 53, *62*, 71, 148
Maximilian, Kaiser 58, 66
Merian, Matthäus 142
Metternich, Klemens Lothar von 10, 44, *91*, 122, 141
Missong, Else 35
Möhring, Bruno 147
Mozart, Wolfgang Amadeus 141
Münster, Sebastian 124

Napoleon Bonaparte 10, 38, 43, 124, 149, 150
Nast, Thomas 141

Otto, Nikolaus August 151
Otto I., Kaiser 58

Philipp von Schwaben 59
Poppo, Erzbischof 62
Prendemann, Philipp 120

Raiffeisen, Friedrich Wilhelm 44, 53, 54, *62*
Raschi 13
Richard Löwenherz, König 62
Riehl, Wilhelm Heinrich 53, 94
Rothweil, Julius Ludwig 124
Rudolf von Habsburg 59, 124

Saalfeld, Martha 141
Scharping, Rudolf *42*, 74
Schiller, Friedrich 141
Schinderhannes 146
Schinkel, Karl Friedrich von 147
Schönborn, Franz Georg von 143
Schönborn, Johann Philipp von 63
Schulte-Delitzsch, Hermann 53
Seghers, Anna *93*, 97, 142
Seitz, Johann 143
Siebenpfeiffer, Philipp Jakob 44
Silcher, Philipp Friedrich 150
Slevogt, Max 97, 122
Spang, Franz Josef 117

Spee, Friedrich von 67
Stein, Reichsfreiherr vom und zum 10, *91*, 151
Strecker, Ludwig 35
Stübinger, Oskar 69
Süsterhenn, Adolf 35

Thonet, Michael *72*, 122
Tucholsky, Kurt 95
Turenne, Marschall 123
Turner, William 85

Viebig, Clara *93*
Vogel, Bernhard 74
Vogt, Niklas 57
Volker von Alzey 9, 120

Wagner, Carl-Ludwig 74
Wilhelm I., Kaiser 9, 95, 141
Wilhelm II., Kaiser 142
Wilhelm, Hans-Otto 74
Willigis 55
Wirth, Johann Georg 44

Zick, Januarius 153
Zuckmayer, Carl 9, 35, 36, 74, *93*, 100, 142

Orts- und Sachregister

Ahr 12, 117, 119
Ahrweiler *8*, *76*, *121*
Alken *102/103*
Alzey 9, 100, 120, *120*
Andernach *54*, *55*, 62, *64*, 120, *120*, 154
- Liebfrauenkirche 62, 120
Anebos, Burg 120
Annweiler 62, 120
Arnstein *144*, 151

Bacharach 92, *121*
Bad Bergzabern 117
Bad Bertrich *98*, 117
Bad Breisig 117
Bad Dürkheim 62, 70, 117, *134*, *135*, 153, 154, 155
- Pfalzmuseum für Naturkunde 153
Bad Ems *98*, 117, 151, 154
Bad Hönningen 117, 151
Bad Kreuznach *65*, *98*, 117, 153
Bad Marienberg 117
Bad Münster am Stein *99*, 117

Bad Neuenahr-Ahrweiler *77*, 117
Bad Tönnisstein 117
Bad Wildstein 117
Balduinstein 151
Bauernkrieg 62, 68, 69
Bayern 43, 44, 71, 141
Bendorf 121, 153
- Industriemuseum 153
- Sayner Hütte 121
Bernkastel-Kues 11, 63, 94, 121, 153
- Sankt-Nikolaus-Hospital 153
Bevölkerung 117
Bingen 10, 39, 54, *64*, 89, 91, 100, 121, 150
Bingen-Bingerbrück 121
Birkenfeld 62, 122
Bitburg *69*, 122, *122*, *123*, 152
Bobenheim *131*
Bockenheim 117
Boppard 117, 122
Braubach *12*, 142
Bullay 94
Burgen 54, 62, 117, 120, 124, 141, 142, 147, 149, 150, 151, 154
Bürresheim 62, 143

Cochem *1*, *10*, 62, *64*, *101*, 122
- Reichsburg *1*, 122

Daun 117, 122, 152
Dausenau 151
Deidesheim *136*, 154
Deutsches Eck 5, 9, *30*, *94*, 141
Deutsche Weinstraße 62, 117, 119, 141
Diez 117
Diez/Fachingen 151
Donnersberg 10, 90, 100, 117, 124, 151
Dreißigjähriger Krieg 38, 84
Duerenberg, Schloß *87*

Edelsteinbearbeitung *66*, *71*
Edenkoben 122
Ediger-Eller *111*
Ehrenbreitstein, Festung *42*, 94, 122, 141
Eifel 9, 12, 99, 117, 141, 143
Eltz, Burg 62, *104*, *105*, 123, 143
Enkenbach 62

Erbeskopf 117, 152
Erpel 151
Eusserthal *56*

Fastnacht 154, *154*
Ferschweiler Plateau 152
Feste 70, 154, *154*, 155
Flammersfeld 53
Frankenstein, Burg *132/133*
Frankenthal 123
Frankreich 10, 12, 13, 39, *42*, 43, 44, 67, 70, 84, 89, 100, 141, 147, 150
Französische Revolution 38, *41*, 43, 54
Freinsheim *4/5*, *130*, *138/139*
Fremdenverkehr 117, 147

Gelbachtal *152*
Gemündener Maar *82*, 122
Genossenschaftsbewegung 53
Germersheim 123
Gerolstein 123
Gondorf 62
Grünstadt 62
Guntersblum 154
Gutenfels, Burg *22/23*

Hachenburg 153
Hambach 12, *41*, 44, *140*, *141*
Hambacher Fest 39, *41*, 44, 70, 155
Heddesdorf 53
Heiliges Römisches Reich Deutscher Nation 13, 39, 56, 146
Hermeskeil 9
Herrstein *122*, 123
Hessen 71
Himmerod 124
Höhr-Grenzhausen 12, 153
- Keramik-Museum *73*, 153
Humanismus 56
Hunsrück 9, 11, 13, 89, 90, 117, 141, 152

Idar-Oberstein 12, *71*, 124, *124*, 152, 153
- Edelsteinmuseum 124, 153
- Felsenkirche *124*
Igeler Säule 148
Industrie 12, *68*, 69, 117, 121, 141
Ingelheim *65*, 90, 100, 124
Insul an der Ahr 13

Juden 13, 43, 59, 147, 149

Kaiser-Wilhelm-Denkmal 9, *94*, 95, 141
Kaiserslautern 117, 124, *124*, 153
- Pfalzgalerie *124*, 153
Kasselburg, Burg *10*
Kaub *22/23*, 124
Kirchheimbolanden 10, 62, 124, *124*
Kirn 141
Koblenz 9, *32/33*, *34*, 35, 43, 54, 56, 72, 89, 94, 117, 120, 122, 141, 150, 153
- Balduinbrücke 36, 141
- Kurfürstliches Schloß 141
- Landesmuseum 122, 153
- Liebfrauenkirche 141
- Mittelrhein-Museum 153
- Rathaus *31*
- Rhein-Museum 122
Kondelwald 9
Konz 153
Kreuznach 90
Küche → Spezialitäten
Kunsthandwerk 123
Kyllburg 117

Lahn 70
Lahneck, Burg 150
Lahnstein *54*, 117, 141, 151
Landau 39, 141
Landwirtschaft 69, 72, 92, 117, 119
Leiwen 98, 99, 100
Leubsdorf 151
Leutesdorf 151
Linz 151
Loreley 9, *13*, *85*, 150, 154
Ludwigshafen 12, *68*, 117, 124, 141, 153
- Wilhelm-Hack-Museum 141, 153
Ludwigshöhe, Schloß 122, *136*, 153

Maikammer *131*
Mainz 9, 10, 13, 14, 35, 39, *41*, *42*, 43, 44, *48*, *49*, *50/51*, *52*, 56, 57, 63, 66, 72, 74, 84, 89, 90, 91, 96, 97, 100, 117, 120, 141, *143*, 148, 150, 152, *152*, 153, 154, *154*
- Deutschordenshaus 39, *46/47*
- Dom Sankt Martin 14, 36, *45*, *49*, 55, 56, 62, 83, 141
- Gutenbergmuseum Mainz 12, 63, 141, *143*, 153
- Heunensäule *50/51*
- Karthäuserkloster 83
- Landesmuseum 153
- Naturhistorisches Museum 153
- Römisch-Germanisches Zentralmuseum 152
- Stephanskirche 141
- Universität 43, 66, 83, 142
Mainzer Republik 39
Manderscheid 117
Maria Laach, Abtei 62, 142, *142*
Marienburg 149
Marienfels, Schloß *150*
Marienstatt, Abtei 142, *142*
Marksburg 142
Mäuseturm 10, *21*, 121
Mayen *54*, *75*, 143, *143*, 153, 154
- Landschaftsmuseum 153
- Sankt Clemens 143
Medien 120
Merzig 152
Monrepos, Schloß 144
Mont Tonnerre →Donnersberg
Montabaur, Schloß 35, *142*, 143
Mosel *2/3*, 11, 12, 62, 84, 85, 94, 98, 99, 117, 119, 147, 149
Münstermaifeld 143
Museen
- Diözesanmuseum Trier 153
- Dommuseum Trier 153
- Edelsteinmuseum Idar-Oberstein 124, 153
- Eifeler Landschaftsmuseum Mayen 153
- Freilichtmuseum Roscheider Hof zu Konz 153
- Freilichtmuseum Sobernheim 153
- Gutenbergmuseum Mainz 12, 63, 141, *143*, 153
- Heimatmuseum Boppard *72*
- Historisches Museum der Pfalz Speyer 146, 147, 153
- Hunsrückmuseum Simmern 146
- Industriemuseum Bendorf 153

- Keramik-Museum Höhr-Grenzhausen *73*, 153
- Kunsthaus Heylshof Worms *148*, 153
- Landesmuseum Koblenz 122, 153
- Landesmuseum Mainz 153
- Landschaftsmuseum Westerwald Hachenburg 153
- Mausefallen-Museum Neroth 152
- Mittelrhein-Museum Koblenz 153
- Naturhistorisches Museum Mainz 153
- Pfalzgalerie Kaiserslautern *124*, 153
- Pfalzmuseum für Naturkunde Bad Dürkheim 153
- Rhein-Museum Koblenz 122
- Rheinisches Landesmuseum Trier *37*, 153
- Römisch-Germanisches Zentralmuseum Mainz 152
- Sankt-Nikolaus-Hospital Bernkastel-Kues 153
- Schloß Ludwigshöhe 122
- Schloßparkmuseum Bad Kreuznach 153
- Schuhmuseum Pirmasens 153
- Slevogt-Galerie Neukastel 153
- Slevogt-Sammlung Schloß Ludwigshöhe 153
- Staatliche Sammlung technischer Kulturdenkmäler Koblenz 122
- Weinmuseum Oppenheim 145, 153
- Weinmuseum Speyer 147
- Wilhelm-Hack-Museum Ludwigshafen 141, 153

Nackenheim 9, 35, 100
Nahe 12, 70, 117, 119
Nassau 151
Naturparks
- Naturpark Pfälzer Wald 117, 151
- Naturpark Nassau 151
- Naturpark Rhein-Westerwald 151
- Naturpark Saar-Hunsrück 152
- Naturpark Nordeifel 152
- Naturpark Südeifel 152
- Deutsch-Luxemburgischer Naturpark 152
Neroth 152
Neu-Katzenelnbogen, Burg *28*
Neukastel 153
Neuleiningen *126/127*
Neumagen 144
Neumagen-Dhron 143
Neustadt an der Haardt 44
Neustadt an der Weinstraße 14, 144, 154
Neuwied 144, *145*
Neuwieder Becken 120, 121, 122, 144, 152
Nibelungen 13, *38*, 120, 148
Niederbieber-Segendorf 144
Nierstein 9
Nürburgring *145*

Oberwesel *20*, 144, *145*
Oggersheim 141
Oppenheim 14, 62, 145 f., 153
- Landskrone 145
- Sankt Katharina 62, 145
- Weinmuseum Oppenheim 145, 153
Otterberg 145
- Zisterzienserabtei 145

Pelm *81*
Pfaffenschwabenheim 62
Pfalz 38, 39, 43, 44, 62, 69, 70, 92, 94, 117, 119, 124, 144, 151
Pfälzer Wald 9, *128*, *129*
Pfalzgrafenstein, Burg *20*, 124
Pfälzischer Erbfolgekrieg 38
Pfeddersheim 69
Pirmasens 12, 145, 153
Preußen 10, 43, 44, 71, 72, 121, 152
Prüm *144*, 145
- Salvatorbasilika *57*, 145

Ravengiersburg 146
Reformation 68
Remagen 146
- Remagener Brücke 146
- Römisches Kastell 146
Rengsdorf 117
Rhein *6/7*, 9, 12, *24*, *26/27*, 54, 62, 83, *86*, *87*, 89, 90, 91, 92, 94, 95, 100, 117, 119, 121, 122, 124, *124*, 142, 150
Rheinbreitbach 152
Rheinbrohl 151
Rheinhessen 39, 43, 70, 100, 117, 119, 121, 141, 154
Rheinpfalz 43
Rheinprovinz 43, 44, 72
Rhens *86*, 146
- Königsstuhl 146
Rochuskapelle 10, 90, 100, 121
Rockenhausen 10
Rolandseck, Bahnhof 153
Römer 13, 36, 54, 84, 100, 122, 123, 144, 146, 147, 148, 151, 152, 153
Rüdesheim 9, 90, 91
Ruine Winneburg 122

Saarburg 62, 146, *146*
Salzig *87*
Sankt Goar *25*, *87*, 154
Scharfenberg, Burg 120
Schifferstadt 146
Schweich 119
Schweigen 117
Serrig 146
Sickinger Höhe 9
Siebenjähriger Krieg 38
Simmern 146
- Hunsrückmuseum 146
Sinzig 117
Sobernheim 117, 153
- Freilichtmuseum 153
Spanischer Erbfolgekrieg 38
Speyer 14, 43, 67, 124, 146 f., *146*, 148, 153
- Historisches Museum der Pfalz 146, 147, 153
- Judenbad 147
- Kaiserdom 14, 36, 55, 59, 62, 146
- Weinmuseum 147
Spezialitäten 14
Stahleck, Burg 92
Steinkaulenberg 124
Stolzenfels, Burg *13*, *28*, 147

Totenmaar 122
Traben-Trarbach 94, 147, *147*
Trarbach 88
Treis-Tarden 147
Trier 12, 13, 43, 44, 54, 84, 85, 94, *110*, 117, 120, 144, 147 f., 152, 153
- Amphitheater 147
- Diözesanmuseum 153
- Dom 36, 55, 62, *114/115*, 148
- Dommuseum 153
- Kaiserthermen 13, *37*, *113*, 147
- Karl-Marx-Haus 12, 148
- Liebfrauenkirche 148
- Porta Nigra 13, 35, *112*, 147
- Rathaus 148
- Rheinisches Landesmuseum *37*, 153
- Römische Basilika *112*, 147
- Schloß *116*
- Sankt Matthias 62, 148
- Universität 67
Trifels, Burg 62, 120
Trittenheim *11*, 99, 100

Undenheim 9
Unkel 151
Ürzig 11

Vallendar 117

Wein 14, 55, 83, 91, 94, 117, 119, 155
Weinbau *11*, *64*, 69, 70, 71, 85, 90, 100, *108*, *109*, 117, 118, 119, *118/119*, 122, 144, 145, 146, 149, 153
Weinfelder Maar 122
Westerwald 9, 53, 75, 117, 141, 143, 152, 153
Weyerbusch 53
Wiener Kongreß 43, 121
Wierschem 143
Winneburg, Ruine 122
Wittlich 148
Worms 13, *15*, *16/17*, *18*, *19*, 43, *56*, 58, 59, 89, 100, *148*, 148 f., *149*, 153, 154
- Dom Sankt Peter und Paul 13, 14, *19*, 55, 57, 58, 89, 148
- Judenfriedhof 13, 59, *148*, 149, *149*
- Kunsthaus Heylshof *148*, 153
- Synagoge 149, *149*
Wormser Konkordat 58, 147
Wormser Reichstag 58, 67, 148
Wörrstadt 9
Württemberg 71

Zell *10*, *106/107*, 149
Zweibrücken 62, 149

Text- und Bildnachweis

Der Fotograf

Axel M. Mosler, Fotografiestudium an der Fachhochschule in Dortmund. Freier Fotodesigner. Zahlreiche Buchveröffentlichungen, im C.J. Bucher Verlag u.a. Edition Die Deutschen Länder «Sachsen».

Die Autoren

Nino Erné, nach Studium und Promotion langjährige Tätigkeit als Korrespondent und Autor für das Fernsehen in verschiedenen europäischen Ländern und in Mainz. Autor eines umfangreichen literarischen Werkes. Lebt seit 1984 als freier Schriftsteller in Mainz.

Helmut Mathy, Studium der Geisteswissenschaften mit Promotion, seit 1967 Referent in der Staatskanzlei, seit 1992 im Ministerium für Wissenschaft und Weiterbildung des Bundeslandes Rheinland-Pfalz tätig. Zahlreiche Veröffentlichungen zur historischen Landeskunde und Geistesgeschichte der Region. Lebt in Mainz.

Textnachweis

Stefan Andres: Der Knabe im Brunnen. © R. Piper & Co. Verlag, München 1953.
ders., in: Der ewige Brunnen. Ein Volksbuch deutscher Dichtung. Hg. von Ludwig Reiners. München: Verlag C.H. Beck, 1955.
Bettine von Arnim: Goethes Briefwechsel mit einem Kinde. Berlin: Dümmler 1835.
Jens Baggesen: Das Labyrinth oder Reise durch Deutschland in die Schweiz 1789. Leipzig und Weimar: Gustav Kiepenheuer Verlag 1985.
Johann Wolfgang von Goethe: Campagne in Frankreich 1792, in: Werke, Hamburger Ausgabe, Bd. 10, München: Verlag C.H. Beck o.J.
Victor Hugo: Le Rhin/Notizen einer Rheinreise. Übers. von Katharina Zimmer. München 1973. © Edition Langewiesche-Brandt, 1965.
Karl Immermann: Ahr und Lahn, in: Sämtliche Werke, Berlin 1879 ff.
Erich Kästner: Handstand auf der Loreley, in: Gesammelte Schriften für Erwachsene. Zürich: Atrium Verlag 1969. © by Erich Kästner Erben, München.
Heinrich von Kleist: Brief an Wilhelmine von Zenge vom 21.7.1801, in: Briefe, Bd. 5 der Werkausgabe von Erich Schmidt. Leipzig: o.J.
Heinrich Laube: Reise durch das Biedermeier. Hg. von Franz Heinrich Körber. Hamburg: Hoffmann und Campe Verlag 1965.
Wilhelm Heinrich Riehl: Die Pfälzer. Ein rheinisches Volkslied. Stuttgart und Augsburg: 1857.
Anna Seghers: Der Ausflug der toten Mädchen. © 1979 by Hermann Luchterhand Verlag, Darmstadt und Neuwied.
Kurt Tucholsky: Denkmal am Deutschen Eck, in: Gesammelte Werke, Bd. 3. Hg. von M. Gerold-Tucholsky und F. Raddatz. © 1960 by Rowohlt Verlag GmbH, Reinbek bei Hamburg.
Carl Zuckmayer: Als wär's ein Stück von mir. © Carl Zuckmayer 1966. Abdruck mit Genehmigung der S. Fischer Verlag GmbH, Frankfurt/M.

Bildnachweis

Heinz Angermüller, Worms: S. 57, 148/149.
Archiv für Kunst und Geschichte, Berlin: S. 40 u., 41 (3), 58 r., 59 l., 60 u., 61, 86/87 (6), 88, 91 (2), 93 M.r. und u.l., 97.
BASF-AG, Ludwigshafen: S. 68.
Klaus Benz, Mainz ©: S. 154.
Bildarchiv Preußischer Kulturbesitz, Berlin: S. 38 (2), 39, 40 o., 42 o.l. und o.r., 59 r., 60 o., 62 o.M. und o.r., 93 (7).
Bilderdienst Süddeutscher Verlag, München: S. 42 u.l. und u.r., 62 l.
Bitburger Brauerei, Bitburg: S. 69.
Boehringer Ingelheim KG, Ingelheim am Rhein: S. 65 o.r., 67 (2).
British Museum, London: S. 85.
Deutsche Weininformation, Mainz: S. 36, 118/119 o.M.
Edelsteinmuseum Idar-Oberstein: S. 66, 71.
Fremdenverkehrsverein Westerwald e.V., Montabaur: S. 73 (3), 142/143 o.M. und 142 u., 152/153.
Heimatmuseum Boppard: S. 72.
Landeshauptarchiv Rheinland-Pfalz, Koblenz: S. 42 M.r. und M.l.
H.P. Merten, Bildarchiv, Saarburg: S. 54 l., 55 r., 70, 98/99, 120/121 o., 121 r., 124 M.l. und l.u., 144 o., 145 o. und r.u., 146, 147, 150/151.
Otto Müller Verlag, Salzburg ©: S. 58 r.
Rheinisches Landesmuseum, Trier: S. 37 (4).
Sammlung Axel Schenck, Bruckmühl: S. 12, 13, 94.
Verlag Steiner & Schnell, München: S. 56 l.
Stadtarchiv Bingen am Rhein: S. 64 o.l. und M.l., 64/65 u.
Stadtarchiv Cochem an der Mosel: S. 64 l.u.
Stadtmuseum Andernach: S. 64/65 M.o.
Städtisches Fremdenverkehrsamt Idar-Oberstein: S. 124 o.
Verkehrsbüro Bitburger Land, Bitburg: S. 122 r.u., 123 l.u.

Alle übrigen Abbildungen stammen von Axel M. Mosler. Er fotografiert mit Leica-Kameras und verwendet Objektive zwischen 19 und 250 mm.

Die Karte auf Seite 155 zeichnete Astrid Fischer-Leitl, München.

Vor- und Hintersatz:
Im Weinberg des Schlosses Ludwigshöhe.

Einbandfotos:
Burg Eltz (Vorderseite)
Der Marktplatz von Mainz (Rückseite)

Wir danken allen Rechteinhabern und Verlagen für die Erlaubnis zu Nachdruck und Abbildung. Trotz intensiver Bemühungen war es nicht möglich, alle Rechteinhaber zu ermitteln. Wir bitten diese, sich an den Verlag zu wenden.

Impressum

Der Verlag dankt Helmut Mathy für seine hilfreichen Anregungen zur Gestaltung der Anthologie und die Durchsicht der Bildlegenden.

Konzeption: Axel Schenck
Lektorat: Gerhard Seidl, Susanne Kronester
Anthologie: Cornelia Fischer
Bilddokumentation: Antje Eszerski, Maria Guntermann
Graphische Gestaltung: Verena Fleischmann
Herstellung: Angelika Kerscher

Technische Produktion:
Fotosatz Ressemann, Hochstadt;
Lana Repro GmbH, I-Lana;
Passavia-Druckservice, Passau

Printed and bound in Germany
ISBN 3 7658 1190 4

SEHENSWERTE DEUTSCHE LÄNDER. IN BILDBÄNDEN ZU SUPERPREISEN.

Jeder Band 160 Seiten (»Bayern« 168 Seiten), durchgehend farbig, mit historischer Bilddokumentation, Karte, Register, Format 24 x 30 cm, farbiger Vor- und Hintersatz, Festeinband.

ISBN 3-7658-1187-4

ISBN 3-7658-1186-6

ISBN 3-7658-1190-4

ISBN 3-7658-1185-8

ISBN 3-7658-1189-0

ISBN 3-7658-1188-2